Bernhard Moestl

Der Weg des Tigers

Erkenne und nutze deine innere Kraft

Besuchen Sie uns im Internet:
www.knaur.de

Vollständige Taschenbuchausgabe
© 2015 Knaur Verlag
Ein Imprint der Verlagsgruppe Droemer Knaur GmbH & Co. KG, München
Alle Rechte vorbehalten. Das Werk darf – auch teilweise –
nur mit Genehmigung des Verlags wiedergegeben werden.
Covergestaltung: ZERO Werbeagentur, München
Coverabbildung: FinePic®, München
Satz: Adobe InDesign im Verlag
Druck und Bindung: CPI books GmbH, Leck
ISBN 978-3-426-78655-0

5 4

Für Heidi,

die mich gelehrt hat, mich niemals zu fürchten

Inhalt

Einleitung
*Wie dieses Buch funktioniert und Sie
daraus den größten Nutzen ziehen* 11

1. Leere deinen Geist
*Lerne, dass du in jedem Augenblick
von neuem beginnen kannst* 21

2. Begegne dir achtsam
*Lerne, dich selbst als den
wunderbaren Menschen zu begreifen, der du bist* 43

3. Überwinde Verlustangst
*Lerne, dass dein wirklicher Reichtum
allein in dir selbst liegt* 65

4. Sei dir selbst König
*Lerne, dass andere Menschen dir genau
den Wert zugestehen, den du selbst dir gibst* 85

5. Schone deine Energie
*Lerne zu akzeptieren, dass die Natur
die Kraft und Energie ihrer Wesen beschränkt hat* 107

6. Begegne auf Augenhöhe
*Lerne, dass die anderen dich genau dort sehen,
wo du selbst dich hinstellst* 129

7. Ertrage Konfrontation
*Lerne, dass die Angst vor Konfrontation
dich schwächt und deinen Gegner stark werden lässt* 147

8. Weiche vor Druck
*Lerne, Druck nicht mit Gegendruck,
sondern mit Nachgeben zu begegnen* 165

9. Bewahre dir Demut
*Lerne zu akzeptieren, dass es im Leben Dinge gibt,
die selbst die größte Kraft nicht zu ändern vermag* 181

10. Gehe deinen Weg
*Lerne, dass dein Leben genau das ist,
was du selbst daraus machst* 197

Epilog 213

Dank 215

Wer einen Tiger reitet,
  kann nicht absteigen.
(aus China)

Einleitung

Wer einmal sich selbst gefunden hat, der kann nichts auf dieser Welt mehr verlieren.

(Stefan Zweig)

Wie dieses Buch funktioniert und Sie daraus den größten Nutzen ziehen

Herzlich willkommen. Schön, dass Sie da sind. Wenn ich mit Menschen rede, habe ich oft das Gefühl, dass nur den wenigsten bewusst ist, welche Kraft eigentlich wirklich in ihnen steckt. Viele hätten gerne so manches anders. Aber was, so meinen sie dann resignierend, kann denn ein Einzelner schon groß verändern? Erlauben Sie, dass ich Ihnen die Frage weitergebe? Was meinen Sie: Wie viele Menschen braucht es, um die Welt zu verändern? Hunderttausend? Eine Million? Eine Milliarde? Bitte überlegen Sie kurz Ihre Antwort, bevor Sie weiterlesen.

Wenn ich in die Geschichte zurückschaue, dann denke ich, dass die Kraft eines Einzelnen durchaus ausreicht. Auch wenn durchaus nicht alle von ihnen als Vorbild dienen können, waren es doch immer einzelne Menschen, die die Welt auf den Kopf gestellt haben. Wir müssen hier nicht nur an Adolf Hitler oder Josef Stalin denken, die ihre innere Kraft alleine dazu missbraucht haben, zu zerstören. Aber Jesus von Nazareth, Franz von Assisi, Henry Ford, Steve Jobs oder Michail Gorbatschow haben einiges bewegt. Ob wir gut finden, was sie bewirkt haben, steht hier nicht zur

Einleitung

Debatte. Entscheidend ist allein, dass sich die Welt ohne die Kraft dieser Menschen wohl durchaus anders weiterentwickelt hätte. Natürlich auch für jene, die als Mitstreiter ihr Können und ihr Wissen in den Dienst der »großen Sache« gestellt haben und ohne die fraglos das meiste nicht möglich gewesen wäre. Aber ihren Ursprung hatten alle großen Veränderungen in der inneren Kraft und Entschlossenheit eines einzelnen Menschen.

Gehen Sie achtsam mit dem um, was in Ihnen steckt. Und denken Sie daran: Auch Sie können den Lauf der Welt verändern.

Bereits den alten Asiaten galten Drache und Tiger als die Beherrscher des Universums. Über die Lüfte herrschte nach Vorstellung der alten Meister der wendige Drache, über die Erde der kraftvolle, anmutige Tiger. Auch bei den legendären Kampfmönchen des chinesischen Klosters Shaolin waren die beiden Tiere angesehen. Hatte nach jahrelangem Training ein Mönch die berüchtigte Abschlussprüfung erfolgreich hinter sich gebracht, die für den Kandidaten durchaus tödlich verlaufen konnte, wurden ihm die Symbole des Klosters in die Unterarme eingebrannt: das Abbild von Drache und Tiger. Bis heute ist der einzelgängerische Tiger ein Symbol für Wachsamkeit, Eleganz und zielgerichtete Kraft. Tiger sind leise, schnell und aufgrund ihrer schier unglaublichen Kräfte so gut wie unbesiegbar. Wie alle Katzen leben Tiger im Augenblick, sie sind sich ständig dessen bewusst, was in ihnen steckt. Sie sind in jeder Sekunde bereit, zu hundert Prozent fokussiert einzusetzen, was die Natur ihnen gegeben hat. Tiger sind keine Herdentiere. Sie schulden niemandem Rechenschaft, hängen von niemandem ab und wissen, dass alles, was sie jemals erreichen werden, bereits in ihnen angelegt ist.

Wenn Sie es wirklich möchten, können Sie all das auch.

Selbst wenn Sie es sich im Moment vielleicht noch nicht vorstellen können, stecken die Kraft und die Möglichkeiten des Tigers auch in Ihnen.
Lassen Sie mich Ihnen das an einem Beispiel demonstrieren. Versetzen Sie sich dazu bitte in eine Situation zurück, in der Sie so richtig zornig waren. Es ist völlig gleichgültig warum, wichtig ist, dass Sie in Ihrem Zorn am liebsten alles kurz und klein geschlagen hätten. Sie waren so wütend, dass Ihnen kein Gegner zu groß oder zu stark gewesen wäre, um es mit ihm aufzunehmen. Auch wenn Sie an sich ein friedlicher Mensch sind, versuchen Sie bitte, einen solchen Augenblick zu finden, und kehren Sie in Gedanken dorthin zurück. Fühlen Sie die Kraft, die Ihnen dieser Wutausbruch plötzlich gegeben hat? Versetzen Sie sich mit aller Konzentration in Ihre damalige Lage zurück. Sind Sie dort? Dann stellen Sie sich vor, Sie hätten all diese Energie auf Abruf verfügbar. Natürlich nicht, um erneut zornig zu werden, das wäre ziemliche Verschwendung. Aber wie wäre es mit der Möglichkeit, dank dieser Energie ohne Anstrengung Veränderungen zu erreichen? Auch das ist nämlich möglich. Sie müssen Ihre Kraft nur aufspüren, sie sich bewusst machen, und dann – und das ist das Geheimnis des Tigers – gebündelt nutzen. Selbst Millionen Pferde, die ihre Stärke verteilen, laufen nicht schneller als ein einzelnes Tier. Die auf ein Triebwerk fokussierte Kraft von tausend Pferden aber lässt sogar ein Tonnen schweres Flugzeug abheben.

Einleitung

Zähmen Sie Ihren Tiger, und machen Sie ihn sich zum Gefährten. Sie werden erstaunt sein, wie viel in Ihnen steckt.

Da dieses Buch Sie auf Ihrem Weg unterstützen soll, gibt es noch etwas, das Sie wissen sollten: Es geht darin ausschließlich um Sie. Und da ich Ihnen recht wenig über Sie selbst erzählen kann, habe ich es als Arbeitsbuch gestaltet. Anders gesagt, brauche ich zeitweise Ihre Mithilfe in Form von Antworten auf Fragen, Selbsteinschätzungen oder Überlegungen. Da Sie genau wie ich wahrscheinlich nicht gerne in Bücher schreiben, benötigen Sie, bevor Sie mit der eigentlichen Arbeit beginnen, noch ein kleines leeres Buch oder Schreibheft. In dieses notieren Sie bitte alles, zu dem ich Sie auffordere. Auch wenn es Ihnen selbstverständlich frei steht, anders damit zu verfahren, ist das, was in Ihrem Heft steht, eigentlich ausschließlich für Sie gedacht. Ich betone das hier, weil es einerseits wichtig ist, dass Sie mit Ihren Antworten absolut ehrlich sind. Was aber nicht immer ganz einfach ist, wenn man das Gefühl hat, dass die eigenen Gedanken von Mitlesern kontrolliert werden. In so einem Fall neige ich nämlich auch dazu, nicht das zu schreiben, was Tatsache ist, sondern vielmehr das, was ich gerne hätte, das andere lesen. Vor anderen stark zu sein, dazu wird noch genug Zeit sein. Wenn Sie dieses Buch erst einmal durchgearbeitet haben, werden Sie mit Erstaunen erkennen, wie sich Ihre Ausstrahlung verändern wird und damit auch die Reaktion Ihrer Mitmenschen auf Sie. Aber um dahin zu kommen, braucht es zuerst einmal Ehrlichkeit. Gleichzeitig ist es wichtig, dass Sie sich mit diesem Heft einen Raum schaffen, in dem Sie träumen können, phantasieren, probieren. »Herumspinnen« würden die anderen wohl sa-

Einleitung

gen. Genau deshalb soll es allein Ihr Heft sein. Besorgen Sie sich also bitte ein schönes kleines Büchlein, zeichnen Sie unter Ihren Namen einen Tiger, und markieren Sie es als privat. Dieses Buch wird später nicht nur sehr viel von Ihnen wissen. Es wird vor allem Ihre persönliche Schatzkiste sein. Nehmen Sie es also ernst, und geben Sie gut darauf acht.
Möglicherweise fragen Sie sich jetzt, ob Sie die Fragen nicht genauso gut im Kopf beantworten und auf das Heft verzichten könnten. Sie sollten es nicht. Weil unser Gedächtnis nämlich, so kann ich Ihnen aus eigener Erfahrung sagen, lange nicht so gut ist, wie wir es gerne annehmen. Ich selbst habe mir bereits vor Jahren angewöhnt, jede Idee, und sei sie noch so offensichtlich, sofort in ein kleines Notizbuch zu notieren, das ich immer bei mir trage. Nicht nur einmal habe ich bei der späteren Durchsicht dieser Notizen mit großem Erstaunen festgestellt, von wie vielen dieser so offensichtlichen Einfälle ich im Nachhinein rein gar nichts mehr gewusst hätte. Tun Sie sich also selbst den Gefallen und schreiben Sie Ihre Antworten auf. Wenn wir schon beim Thema sind: Auch wenn es das eine oder andere Mal den Lesefluss stört, beantworten Sie meine Fragen bitte immer dann, wenn ich Sie stelle. Lesen Sie also bitte nicht weiter, bevor Sie eine Antwort gefunden haben. Manchmal möchte ich Ihnen nämlich zeigen, dass Sie oft ganz anders denken oder handeln, als Sie glauben, dass Sie es tun. In diesen Fällen brächte Sie sofortiges Weiterlesen um den Überraschungseffekt.
Das Buch ist in zehn eigenständige Kapitel unterteilt, die aufeinander aufbauen. Das bedeutet, dass Sie immer wieder die Ergebnisse aus vorigen Kapiteln benötigen werden. Daher ist es sinnvoll, das Buch zuerst einmal in der vor-

Einleitung

gegebenen Reihenfolge durchzuarbeiten. Am Ende jedes Kapitels finden Sie als Übungen gekennzeichnete Fragen. Diese sollen Ihnen zeigen, wo Sie gerade stehen. Wenn Sie die Antworten in Ihr Heft notieren und sich diese ab und an wieder vornehmen, werden Sie beobachten, dass sich Ihre Selbstwahrnehmung auf eine erstaunliche Art und Weise verändert und dass Ihnen Ansichten, die heute noch unvorstellbar scheinen, bald selbstverständlich sein werden. In diesem Buch geht es allein um Sie, um Ihr Selbstbewusstsein und Ihr Vertrauen in das, was Sie sind und was Sie können. Natürlich werden auch »die anderen« hin und wieder vorkommen und die Frage, wie man seine Ziele auch dann kampflos erreichen kann, wenn andere das unbedingt verhindern möchten. Doch im Grunde geht es hier um viel mehr: Sie sollen lernen, sich ernst zu nehmen und den eigenen Fähigkeiten, Vorstellungen und Wünschen jenes Gewicht zu geben, das Kampf verzichtbar macht. Mit Sicherheit ist Ihnen bekannt, wo ein dreihundert Kilogramm schwerer Gorilla schläft. Richtig. Wo er will. Wie ein Tiger übrigens auch.

Alle Kraft aber, so hat es die Natur bestimmt, kommt von innen.

Das bedeutet, wir können unsere Mitwesen zwar unterstützen, aber die Kraft für Selbstvertrauen und Veränderung müssen Sie am Ende alleine aufbringen. Da mache ich keine Ausnahme.
Stellen Sie sich einmal vor, Sie sehen in einer einsamen Gegend, weit entfernt von jedweder Zivilisation, am Straßenrand einen Menschen sitzen, der bitterlich weint. Als Sie auf ihn zugehen und ihn fragen, was sein Problem ist

Einleitung

und wie Sie ihm helfen können, stellen Sie fest, dass Sie seine Sprache nicht verstehen, sich also nicht mit ihm verständigen können. Es bleibt Ihnen nur, Ihrem Gegenüber mit Gesten Halt zu geben, ihm Essen und Trinken zu bringen und ihm auf alle möglichen Arten zu signalisieren, dass Sie für ihn da sind. Vielleicht können Sie auch noch versuchen, ihm auf die Beine zu helfen. Ist er aber zu schwach, um alleine zu stehen, und sind Sie nicht stark genug, um ihn zu tragen, was können Sie dann tun?

Für uns bedeutet das, dass ich Ihnen einen Weg zeigen und Sie ein Stück weit begleiten kann. Gehen müssen Sie den Weg aber selbst. Und zwar auch dort, wo es schwierig wird. Dort, wo Sie beginnen, wieder an sich und Ihren Fähigkeiten zu zweifeln. Dort, wo Sie lieber umkehren oder einfach nur sitzen bleiben möchten. Wenn Sie an diesen Punkten vorbeikommen, dann öffnen Sie Ihr Heft und holen Sie sich Kraft aus dem Wunderbaren, das Sie darin über sich selbst finden. Der Weg geht nämlich weiter.

Mir bleibt zum Schluss noch ein sehr wesentlicher Punkt: Wenn Sie wirklich etwas an sich selbst und Ihrer Einstellung zu sich ändern möchten, dann ist die wichtigste Voraussetzung, dass Sie für sich auch wirklich offen sind. Ich meine damit, dass wir unsere gemeinsame Arbeit erst an dem Punkt beginnen sollten, an dem Sie selbst bereit sind zu akzeptieren, dass allein Sie entscheiden, wie weit Ihnen die Welt offensteht. Die meisten Veränderungen werden nämlich nicht, wie oft angenommen, von allen anderen verhindert, sondern ausschließlich von den Betroffenen selbst. Der britische Staatsmann Benjamin Disraeli hat einmal gesagt: »Das Größte und Beste, das du für jemanden tun kannst, ist nicht, deinen Reichtum mit ihm zu teilen, son-

Einleitung

dern ihm vielmehr den Reichtum, der bereits in ihm liegt, zu offenbaren.« Und so möchte ich Sie jetzt auf eine Reise begleiten, die Sie auf einen Weg voller Stärke, Entschlossenheit und innerer Kraft führen wird. Auf den Weg des Tigers. Sind Sie bereit? Dann lassen Sie uns gehen.

*Die Menschen
    sehen nur das, was sie
erwarten zu sehen.
        (Ralph Waldo Emerson)*

1. Leere deinen Geist

Erfahrung ist wie eine Laterne im Rücken:
Sie beleuchtet immer nur das Stück des Weges,
das wir bereits gegangen sind.

(aus China)

Lerne, dass du in jedem Augenblick von neuem beginnen kannst

In einem seiner Bücher erzählt der argentinische Schriftsteller Jorge Bucay von seiner Kindheit. Eine ganz besondere Faszination, so schreibt er, habe der Zirkus auf ihn ausgeübt, vor allem wegen des riesigen Elefanten. Es waren dieses ungeheure Gewicht, diese eindrucksvolle Größe und die Stärke, die das Tier zur Schau stellte. Doch bei aller Faszination blieb Bucay eines unverständlich: Vor der Vorstellung und auch in der Zeit danach war der Elefant mit dem Fuß an einen Pflock angekettet, der nichts weiter war als ein winziges Stück Holz, das kaum ein paar Zentimeter tief in der Erde steckte. Natürlich war die Kette mächtig und schwer, aber trotzdem gab es für Bucay überhaupt keinen Zweifel daran, dass ein Tier, das die Kraft hatte, einen Baum mitsamt der Wurzel auszureißen, sich mit Leichtigkeit hätte von einem solchen Pflock befreien und fliehen können. Warum aber, so fragte sich der kleine Jorge, tat er es nicht? Die Antworten, die der Junge von den Erwachsenen erhielt, waren unbefriedigend. So meinte einer, der Elefant fliehe nicht, weil er dressiert sei. Warum das Tier

1. Leere deinen Geist

dann überhaupt angekettet werden musste, konnte er allerdings auch nicht erklären

Erst als Erwachsener fand Jorge Bucay die Lösung. »Der Zirkuselefant«, so meinte er, »flieht nicht, weil er schon seit frühester Kindheit an einen solchen Pflock gekettet ist.« Bucay schloss die Augen und stellte sich den wehrlosen neugeborenen Elefanten am Pflock vor. »Ich war mir sicher«, so schreibt er, »dass er in diesem Moment schubst, zieht und schwitzt und sich zu befreien versucht. Und trotz aller Anstrengung gelingt es ihm nicht, weil dieser Pflock zu fest in der Erde steckt. Ich stellte mir vor, dass er erschöpft einschläft und es am nächsten Tag gleich wieder probiert, und am nächsten Tag wieder, und am nächsten... Bis eines Tages, eines für seine Zukunft verhängnisvollen Tages, das Tier seine Ohnmacht akzeptiert und sich in sein Schicksal fügt. Dieser riesige, mächtige Elefant, den wir aus dem Zirkus kennen, flieht nicht, weil der Ärmste glaubt, dass er es nicht kann.« Allzu tief, so meint Bucay, habe sich die Erinnerung daran, wie ohnmächtig er sich kurz nach seiner Geburt gefühlt habe, in sein Gedächtnis eingebrannt. Und das wirklich Schlimme daran ist für Bucay, dass der Elefant diese Erinnerung nie wieder ernsthaft hinterfragt hat. Wohl aus diesem Grund ist das Tier geblieben, wo es war, und hat nie wieder versucht, seine Kraft auf die Probe zu stellen.

Eine traurige Geschichte. Auch weil der Elefant ja mit seinem Problem nicht alleine dasteht. Stellen wir uns nur vor, er wäre ein Mensch. Dann bliebe er nicht nur an seiner Kette. Er würde vielmehr die Unmöglichkeit, frei zu sein, noch verteidigen! »Wie stellen Sie sich das denn bitte vor?«, bekäme jeder zu hören, der ihn auf die Möglichkeit hinwiese, das Holzteil einfach auszureißen und abzuhauen.« »Denken Sie nicht, dass ich daran auch schon gedacht habe? Sie dürfen mir glauben, ich habe es mehr als einmal versucht! Aber es geht eben nicht, und das muss man so akzeptieren.« Auch wir Menschen hängen an solchen Pflöcken. Manche nehmen uns die Freiheit zu handeln, wie wir eigentlich möchten. Andere hindern uns daran zu tun, was wir eigentlich könnten. Wie der Elefant fixieren wir uns selbst an diese – für unsere Mitmenschen oft unsichtbaren – Halterungen im Boden. Natürlich unterstützt uns unser Umfeld gerne dabei, in den uns selbst auferlegten Schranken zu bleiben. Aber da die Pflöcke in unserem Denken stehen und damit in einem Bereich, zu dem niemand außer uns Zutritt hat, müssen wir uns auch selbst an sie gehängt haben.

Erschwerend kommt hinzu, dass wir nicht immer mangels besseren Wissens angekettet bleiben. Oftmals erscheint es uns auch einfach bequemer, gewisse Optionen gar nicht wahrzunehmen. Was ich nicht kann, so die verbreitete Meinung, muss ich auch nicht machen. Bei mir persönlich war es beispielsweise so, dass mir schon als Kind eingeredet wurde, ich sei fürchterlich ungeschickt. Unglücklicherweise trifft sich das ganz gut mit dem Umstand, dass mir handwerkliche Tätigkeiten tatsächlich wenig Freude machen. Folglich war ich sehr lange der festen Überzeugung, für alles und jedes in diesem Bereich Hilfe zu brauchen. Ich war gerne bereit, anderen den Vortritt zu lassen. Immer mit der überzeugenden Ausrede, dass meine Mithilfe ohnehin nur die doppelte Arbeit verursache. Am Ende war ich überzeugend unfähig. Schließlich hatte ich mir die eigene Unfähigkeit so lange eingeredet, dass sie mir zur selbstverständlichen Gewissheit geworden war. Ich hatte eben zwei linke

1. Leere deinen Geist

Hände. Bis ich eines Tages vor dem dringenden Problem stand, ein Fotostudio renovieren zu müssen, aber gerade kein Helfer verfügbar war. In meiner Not beschloss ich, die gelernte Unfähigkeit zu vergessen und völlig unbefangen an die Sache heranzugehen. Ohne Druck, ohne Angst, einfach offen für etwas, das ich noch nie gemacht hatte. Und siehe da: Es funktionierte, und das Studio sah nachher richtig gut aus.

Wie ist das bei Ihnen? Nehmen Sie bitte Ihr Heft zur Hand. Schreiben Sie auf eine neue Seite: »Von mir unüberprüft akzeptierte Pflöcke.« Dann teilen Sie die Seite darunter mit einem Strich in drei Spalten. In der linken notieren Sie die fünf wichtigsten Bereiche, in denen Sie Ihre Ohnmacht oder Unfähigkeit oder wie immer Sie es nennen möchten akzeptieren. Schreiben Sie hier nicht irgendetwas, sondern nehmen Sie sich kurz Zeit zu überlegen, wo Ihre Pflöcke Sie wirklich behindern. Das kann die Zubereitung eines vermeintlich komplizierten Essens genauso sein wie der langgehegte Wunsch, sich beruflich zu verändern. In der mittleren Spalte beschreiben Sie den Pflock in Stichworten. Beispielsweise: »Ich versage schon bei einfachen Gerichten« oder »Ich wäre der neuen Aufgabe sicher nicht gewachsen«. Nicht vergessen: Bitte schreiben Sie ehrlich, was Sie denken. Lassen Sie unter jedem Eintrag so viel Platz, dass Sie später noch etwas einfügen können. Sobald Sie fünf Punkte gefunden haben, vermerken Sie bitte in der dritten Spalte, wann Sie das letzte Mal überprüft haben, wie fest dieser Pflock wirklich in der Erde steckt. Vor drei Tagen? Vor zehn Jahren? In Ihrer Kindheit? Überhaupt noch nie? Verstehen Sie mich richtig. Es geht bei dieser Übung nicht darum, sich Fähigkeiten einzureden, die tatsächlich nicht vorhanden sind. Der Elefant könnte schließlich auch keinen Stahlträger ausreißen, der tief in den Boden einbetoniert ist. Ich bin auch nicht der Meinung, dass man unbedingt alles können oder auch nur glauben muss, dass dem so sei.

Es ist aber eine Tatsache, dass wir dazulernen und uns weiterentwickeln.

Und dass wir heute vielleicht Dinge mit Leichtigkeit tun könnten, die uns vor zehn Jahren noch unmöglich gewesen wären.
Das beste Beispiel liefert uns auch hier der gefangene Elefant. Allerdings ist er in einer erheblich schlechteren Position als wir Menschen. Ihm fehlt nämlich dieser wunderbare »Reset-Knopf«. Diese Möglichkeit, hinter sich zu lassen, was gewesen ist. Diese Chance, einfach noch einmal von vorne zu beginnen.

Geht es nicht um uns selbst, ist das Entfernen von Altlasten ja gewissermaßen eine Selbstverständlichkeit.

Kämen Sie auf die Idee, in die Tasse, in der noch der Rest vom Frühstückskaffee steht, Orangensaft zu gießen? Natürlich nicht. Sie würden zuerst den Kaffee wegschütten, die Tasse auswaschen und erst dann Orangensaft einschenken. Jedes andere Verhalten empfänden Sie als eigenartig. Warum aber, so frage ich Sie, tun Sie das dann nicht auch bei Ihrem Denkverhalten? Warum haben Sie hier kein Problem, frische Möglichkeiten und Ideen auf die abgestandenen Annahmen und vermeintlichen Erfahrungen zu

1. Leere deinen Geist

gießen, und wundern sich dann, wenn alles ungenießbar wird?

In Shaolin erzählt man sich die Geschichte von Meister Nan-in. Der empfing eines Tages den Besuch eines Universitätsprofessors, der etwas über Zen erfahren wollte. Nan-in servierte Tee. Er goss die Tasse seines Besuchers voll und hörte nicht auf, weiter zu gießen. Der Professor beobachtete schweigend, wie der Tee überlief, bis er sich nicht zurückhalten konnte. »Es ist übervoll. Mehr geht nicht hinein!«, rief er. »Genau wie diese Tasse«, sagte Nan-in, »sind auch Sie voll mit Ihren Meinungen und Spekulationen. Wie kann ich Ihnen Zen zeigen, bevor Sie Ihre Tasse geleert haben?«

Auf ganz ähnliche Weise sind auch Sie voll mit all dem, was Sie über sich selbst denken.

Sie sind erfüllt von Zweifeln, Ängsten und negativer Selbsteinschätzung. Verzeihen Sie, dass ich das so direkt anspreche. Aber gerade darum geht es mir: Solange Sie Ihren Geist nicht geleert haben, wird alles, was Sie an Gutem über sich erfahren, überfließen wie der Tee in der Tasse.

Das ist aber noch nicht alles.

Nicht nur ist ein voller Geist unfähig, Neues aufzunehmen. Vielmehr zieht es ihn gewissermaßen vorbelastet in eine Richtung.

Wollen Sie nun auf die andere Seite gehen, kostet das zusätzliche Energie. Schließlich müssen Sie nicht nur einen möglicherweise ohnehin schon mühsamen Weg einschlagen, sondern zusätzlich gegen den Gegenwind ankämpfen, der Ihnen aus dem eigenen Denken entgegenbläst.

1. Leere deinen Geist

Lassen Sie mich das an einem Beispiel zeigen. Damit dieses funktioniert, verfälschen Sie bitte Ihren Hefteintrag auch dann nicht, wenn Ihnen klar ist, worum es geht. Holen Sie etwas, mit dem Sie die Zeit messen können. Starten Sie die Zeitmessung, und schreiben Sie Ihre fünf schlechtesten Eigenschaften in Ihr Heft. Sobald Sie fertig sind, notieren Sie darunter, wie lange Sie für diese Aufgabe gebraucht haben. Setzen Sie jetzt die Stoppuhr zurück, und schreiben Sie fünf besondere Eigenschaften auf, Eigenschaften, die Sie so richtig auszeichnen und von denen Sie auch allen erzählen würden. Notieren Sie wieder, wie lange Sie gebraucht haben.

Wenn Sie jetzt die Ergebnisse vergleichen, werden Sie sehr wahrscheinlich feststellen, dass Sie für die zweite Aufgabe länger gebraucht haben. Aber warum das?

Kann es sein, dass Sie mehr Übung darin haben, über Ihre Fehler und Schwächen nachzudenken, als darüber, worin Sie wirklich gut und stark sind?

Weil Sie über die Schwächen schon oft nachgedacht haben? Sich darüber geärgert haben? Ihnen aber dort, wo es darum geht, sich selbst zu loben, Ihr eigener, übervoller Geist im Weg steht?

Alles, was wir oft tun, wird uns zur Gewohnheit.

Wollen wir dann einmal etwas anders machen, erfordert das eine unglaubliche Anstrengung. Wir müssen regelrecht gegen unsere Gewohnheiten ankämpfen.

Stellen Sie sich nur einmal vor, Sie wären bereits sehr spät

1. Leere deinen Geist

dran, um zu einem wichtigen Termin zu kommen. Die Straße ist rutschig, und jeder Schritt erfordert viel Konzentration. Für jeden Blick auf die Uhr müssen Sie anhalten. Das wiederum kostet Zeit, die Sie eigentlich nicht haben. Warum kontrollieren Sie trotzdem ständig, wie viel Zeit Ihnen noch bleibt? Nehmen wir an, Sie entschieden sich bewusst dafür, erst nach der Ankunft wieder auf die Uhr zu schauen: Spüren Sie, wie viel Kraft notwendig ist, das Verlangen zu unterdrücken? Was aber, wenn Sie beim ersten Halt feststellten, dass Sie Ihre Uhr zu Hause vergessen haben? Dann könnten Sie Ihre ganze Energie und Aufmerksamkeit darauf verwenden, möglichst rasch ans Ziel zu kommen. So ist es bei ganz vielem:

Am leichtesten fällt uns der Weg,
den wir schon immer gegangen sind.

Folglich gehen wir ihn, wann immer es möglich ist. Ungeachtet der Frage, wohin er uns führt.

Es gibt aber noch eine andere Art von Pflöcken. Spreche ich mit Menschen über ihre Möglichkeiten und Chancen, bekomme ich oft zu hören, dass diese in der Theorie bestimmt vorhanden seien. Nur sei es schwierig, diese Gelegenheiten auch zu ergreifen. Schließlich, und das wüsste ich doch sicher selbst, sei man schon sehr eingeschränkt von all dem, was einem in der Kindheit oder wann sonst angetan oder eingeredet wurde. Verstehen Sie mich jetzt bitte nicht falsch. Ich stelle nicht in Abrede, dass viele Schlimmes erfahren oder erlebt haben.

Aber was hat etwas, das gestern war, mit dem zu tun, was heute ist?

1. Leere deinen Geist

Warum erklären wir mit Geschehnissen, die schon lange Geschichte sind, dass wir jetzt etwas nicht können, anstatt es einfach in diesem Moment erneut zu versuchen? Bitte schreiben Sie in Ihr Heft unter jeden Ihrer Pflöcke in Stichworten, worin er ihrer Meinung nach seine Ursache hat.

Interessanterweise tritt die Vergangenheit immer dort besonders eklatant hervor, wo es um Veränderung geht.

Prinzipiell würden Menschen ja gerne so vieles anders machen. Sei es die Arbeitsstelle wechseln, selbstsicherer auftreten, einfach das Leben leben, das ihnen Freude macht. Aber wie soll das denn funktionieren? Ich erinnere mich, als Kind gelernt zu haben, dass es zwei Kategorien von Tätigkeiten gibt: Solche, mit denen man Geld verdienen kann, und solche, die Freude machen. »Brotlose Gewerbe« haben die Erwachsenen das damals genannt. Dummerweise fielen sowohl der Beruf des Fotografen als auch der des Autors in die zweite Kategorie. Warum ich dann ausgerechnet diese beiden Berufe ergriffen habe? Weil mir schon ziemlich früh klar war, dass ich in einem Beruf, der mir keine Freude macht, nicht gut wäre und daher in diesem mit Sicherheit kein Geld verdienen könnte, er also am Ende genauso »brotlos« wäre. Von daher gab es nichts zu verlieren und alles zu gewinnen. Selbst wenn mich mein Beruf schon nicht reich machen würde, so meine Meinung in jungen Jahren, dann sollte er mich zumindest glücklich machen. Eine Option, die erstaunlicherweise im Denken vieler Menschen nicht vorkommt.

Wann immer ich eine Entscheidung treffen muss, trete ich zuerst einmal einen Schritt zurück.

1. Leere deinen Geist

Dann blende ich ganz bewusst alles aus, was meine Entscheidung beeinflussen könnte und nichts mit ihr zu tun hat. Dazu gehört eben auch alles, was ich irgendwann einmal von anderen Menschen über mich gelernt habe. Das ist, als gäben Sie Ihre Wohnung auf, um in eine größere umzuziehen. Professionelle Möbelpacker haben den Umzug für Sie vollständig erledigt. Ihnen bleibt nur noch die Aufgabe, den Inhalt Ihres Kühlschranks zu sortieren. Sie nehmen also Stück für Stück in die Hand und begutachten es. Ist es noch genießbar, kommt es in die Transportkiste, ist es aber bereits verfault oder sonst nicht mehr essbar, wandert es ohne Achtung der Herkunft in den Mülleimer. Nicht einmal Omas superleckeren Pudding nehmen Sie mit in die neue Wohnung, wenn dieser bereits vor sich hin gammelt. Wenn das nun für den Kühlschrank so klar ist:

Warum schleppen Sie im Kopf dann so viele Sachen mit sich herum, die Sie nur lähmen und Ihnen Kraft rauben?

Wenn Sie ein Tiger werden wollen, müssen Sie lernen, Ihren Geist zu leeren.

Tiger haben nach asiatischer Vorstellung keine Pflöcke im Kopf. Vielmehr sind sie in jedem Augenblick bereit, eine Veränderung zu wagen, gleichgültig, wie oft sie schon gescheitert sind.

Das sagt sich jetzt alles leichter, als es sich nachher tut, ich weiß. Wie sollte man es denn anstellen? Am bequemsten wäre es, wir könnten einfach alles, was uns behindert, gleichsam aus unserem Denken verschwinden lassen. Inter-

1. Leere deinen Geist

essanterweise funktioniert das sogar, wenngleich es einiges an Übung erfordert.

Eines der ersten Dinge, die ein angehender Kampfmönch in Shaolin lernen musste, war zu vergessen, dass er von anderen Menschen umgeben ist.

Den Geist zu leeren bedeutet, sich ganz bewusst so zu fühlen, als wäre man alleine auf dieser Welt.

Schließen Sie doch einmal für fünf Atemzüge die Augen, und versuchen Sie es. Blenden Sie ausnahmslos alles um Sie herum aus, und fühlen Sie sich als die Mitte des Universums. Auch wenn die Idee jetzt vielleicht wenig spektakulär klingt, hat sie doch erstaunliche Auswirkungen: Es beginnt damit, dass es nichts gibt, was Sie wissen können, sofern Sie es nicht selbst überprüft haben. Schließlich sind Sie der einzige Mensch auf dieser Welt. Versuchen Sie sich bitte einmal in diese Situation hineinzuversetzen. Wenn Sie dort sind, sagen Sie mir bitte, ob der Mount Everest ein hoher Berg ist? Schon, oder? Haben Sie denn schon einmal an seinem Fuß gestanden? Falls nicht, müssten Sie mir jetzt zur Antwort gegeben haben: »Das weiß ich nicht, ob er ein hoher Berg ist. Aber ich kann gerne mal nachschauen.«

So ist es mit allem.

Den Geist zu entleeren bedeutet, nichts zu wissen, das man nicht wissen kann.

Es ist wichtig, immer wieder an diesen Punkt zurückzukommen und von vorne zu beginnen. Denn wenn Sie etwas

1. Leere deinen Geist

noch nie oder schon lange nicht mehr probiert haben, woher wollen Sie wissen, dass Sie es nicht können?

Auch für den Fall, dass Sie sich im Laufe des Buches dabei ertappen, mir sagen zu wollen, dass irgendetwas unmöglich sei und auf gar keinen Fall funktionieren könne: Halten Sie inne, und leeren Sie ganz bewusst Ihren Geist.

Nur ein leerer Geist macht uns frei, ausnahmslos alles ohne irgendwelche Einschränkungen zu denken.

Wie in einer völlig leeren Welt gibt es dann nichts, was Sie tun müssen. Etwas mit leerem Geist zu beginnen ist, als würden Sie eine Stadt auf Brachland errichten. All die Einschränkungen, die durch bereits vorhandene Gebäude, Wünsche und Verbote von Nachbarn bestehen könnten, existieren nicht. Sie können Ihre Stadt so gestalten, wie Sie es möchten.

Ein leerer Geist ermöglicht uns, uns ständig neu zu erschaffen.

Eines sei aber hier nicht verschwiegen:

Wo nichts ist, gibt es auch nichts, an dem Sie sich messen, das Sie übertrumpfen oder das Sie als Ausrede verwenden könnten. In der Welt des leeren Geistes entsteht genau das, was Sie darin erschaffen.

Bei Vorträgen werde ich oft sinngemäß gefragt, ob ich denke, dass es reicht, an eine Sache zu glauben und darauf zu hoffen, dass sie dann ohne weiteres Zutun Realität wird. Sobald mir jemand zeigt, dass bloße Gedankenkraft Eier braten kann, werde ich beginnen, daran zu glauben. Umgekehrt aber wird ein Schuh daraus. Mit Sicherheit ist Ihnen bekannt:

> *Etwas, das wir uns nicht vorstellen können,*
> *können wir auch nicht umsetzen.*

Als ich vor einiger Zeit ein Seminar zum Thema »erfolgreiche Bücher machen« gegeben habe, war neben dem Konzept und Inhalt eine wichtige Frage natürlich die, wie groß denn die Chancen seien, mit einem Buch auf dem Markt bestehen zu können. Mein Koreferent, ein hochrangiger Vertreter meines Verlages, zeigte den Teilnehmern eine beeindruckende Statistik. Darin war zu sehen, dass in den letzten Jahren von den neunzigtausend Büchern, die jährlich in Deutschland erscheinen, nur knapp über dreihundert einmal den Sprung in die Liste der besten fünfzig geschafft haben.

Versetzen Sie sich kurz in diese Situation, und stellen Sie sich vor, Sie hätten ein Buch geschrieben, für das Sie viel Zeit und Mühe aufgewendet haben. Schreiben Sie jetzt in Ihr Heft: »Meine Chance« und daneben jenen Begriff, der Ihrer Meinung nach Ihre Chance, mit dem Werk in die Top 50 zu kommen, am besten charakterisiert: ausgezeichnet, sehr gut, gut, mittelmäßig, gering, sehr gering.

Haben Sie Ihre Antwort jetzt wirklich mit leerem Geist gegeben? In den Seminaren zumindest meinen die meisten Teilnehmer dann, dass es besser sei, sich die Buchidee wieder aus dem Kopf zu schlagen und stattdessen lieber etwas »Sinnvolles« zu machen. Sie wissen schon, brotloses Gewerbe und so.

1. Leere deinen Geist

Betrachten wir das Ganze aber einmal von der anderen Seite. Klar, fünfzig aus neunzigtausend, das ist nicht viel. Aber andererseits, irgendein Buch muss ja auf diese Liste kommen. Sie kann ja schließlich nicht leer bleiben. Warum aber sollte es nicht das Ihre sein?

Sicher haben Sie schon oft gehört, dass man immer das bekommt, was man zu bekommen erwartet.

Das hat jetzt weniger mit Wünschen an das Universum zu tun, als mit dem eigenen Handeln. Nehmen wir nur an, Sie gehen von vornherein davon aus, dass einem Projekt kein Erfolg beschieden sein kann. Werden Sie dann wirklich viel dafür tun, um es auf den Weg zu bringen? Kaum. Daher wird daraus auch erwartungsgemäß nichts werden.

Das beste Beispiel für dieses nicht zu unterschätzende »Gesetz der Anziehung« ist der Chef, der denkt, er habe die schlechtesten Angestellten. Welche Untergebenen wird so jemand wohl bekommen? »Die Schlechtesten«, denken Sie jetzt vielleicht. Das glaube ich gar nicht. Aber mit Sicherheit solche, die sich selbst für unfähig halten.

Um nutzen zu können, was in uns steckt, müssen wir unser Denken aber nicht nur von jenen Blockaden bereinigen, die wir selbst dorthin gebracht haben.

Vieles, was uns heute behindert, haben wir in einer Zeit gelernt, in der es uns noch nicht möglich war, kritisch zu hinterfragen, was wir in unser Denken lassen.

Vieles aber, was sich im Laufe der Jahre dort angesammelt hat, richtet heute mehr Schaden an, als es uns nutzt. Nehmen wir nur einmal an, Sie überlegten, sich in einem Bereich selbständig zu machen, der zukunftsträchtig scheint und Ihnen großen Spaß macht. Gleichzeitig aber haben Sie Angst, am Ende ungeeignet zu sein. Nicht genug Geld verdienen zu können. Folglich beschließen Sie, Menschen aus Ihrem Umkreis nach ihrer Meinung zu fragen. Schreiben Sie bitte in Ihr Heft, wem Sie in so einem Fall eher glauben: Denen, die Sie in Ihrem Vorhaben bestärken und Ihnen zur Selbständigkeit raten? Oder doch eher jenen, die Ihre Idee zwar prinzipiell ausgezeichnet finden, Ihnen aber am Ende trotz allem von der Umsetzung abraten?

Dann stellen Sie sich vor, Sie fragten mich, ob Sie versuchen sollten, Ihren Lebensunterhalt als Autor zu verdienen. Halten Sie mich für ehrlicher, wenn ich Ihnen zurate oder wenn ich Ihnen sage, dass ich zwar selbst vom Schreiben lebe, es aber gleichzeitig niemandem raten würde, da es schon ein sehr schwieriges Pflaster ist?

Im wirklichen Leben ist dieses Spiel gefährlich. Ohne, dass ich jetzt jemandem etwas unterstellen möchte:

Vergessen Sie nicht, dass Menschen fast immer aus einem Eigeninteresse heraus handeln.

Nicht unbedingt aus Bösartigkeit oder Selbstsucht, aber immer mit einer Absicht. Die nicht immer sofort offensichtlich ist.

Der russische Sufi-Mystiker Georges Gurdjieff erzählte seinen Schülern gerne die Geschichte von dem Zauberer, der eine große Schafherde besaß. Oft kam es vor, dass einige Schafe aus der Herde ausbrachen, und wenn es Nacht wurde, hatte der Zauberer große Mühe, sie einzufangen und in

1. Leere deinen Geist

den Stall zu treiben. Aber manche Schafe verirrten sich im Wald und wurden nachts von wilden Tieren gefressen.

Schließlich kam dem Zauberer die Idee, seine Schafe mittels seiner magischen Kräfte zu hypnotisieren. Einigen Schafen suggerierte er, sie seien in Wahrheit keine Schafe, sondern Löwen. Anderen suggerierte er, sie seien Tiger. Wieder anderen suggerierte er, sie seien Menschen. Und allen Schafen redete er ein, dass sie groß und stark seien und sich daher vor nichts und niemandem fürchten müssten. Deshalb könnten sie getrost abends in den Stall gehen. Vor allem versicherte er seinen hypnotisierten Schafen: »Auf keinen Fall werdet ihr geschlachtet, denn ihr seid ja keine Schafe ...«

Von dem Tag an ging dem Zauberer kein einziges Schaf mehr verloren. Die Tiere benahmen sich zwar merkwürdig – sie fingen an, wie Löwen zu brüllen, räkelten sich wie Tiger und stolzierten umher wie Menschen. Doch kurz vor Einbruch der Dunkelheit kehrten alle Schafe freiwillig in den Stall zurück. Der Zauberer war darüber sehr froh. Und jeden Tag schlachtete er ein Schaf oder mehrere und verkaufte das Fleisch an den Händler.

Auch wenn im Orient ein Käufer beim Handeln die Ware schlechtmacht, die er eigentlich kaufen möchte, so hat er einzig ein Problem mit dem Preis. Kennt ein kluger Händler diesen alten Trick, nimmt er das nicht persönlich und hat bereits vorher den Rabatt auf den Preis aufgeschlagen.

Bleiben wir bei Ihrer Frage nach dem Autorenberuf. Angenommen, ich hielte Sie für sehr fähig, den nächsten Bestseller zu schreiben, merkte aber, dass Sie selbst Zweifel an Ihrer Begabung haben: Wäre es da nicht viel logischer, Ihnen dringend von diesem Weg abzuraten? Erstens ist es

1. Leere deinen Geist

sehr wahrscheinlich sogar einfacher, als Sie davon zu überzeugen, es doch bitte einmal zu versuchen. Außerdem züchtete ich mir damit doch nur selbst Konkurrenz …

Nehmen Sie bitte noch einmal Ihr Heft, und notieren Sie bei jedem Pflock, wer einen Vorteil davon haben könnte, dass Sie dieses Vor-Urteil verteidigen. Verstehen Sie das nicht als Schuldzuweisung, um die geht es hier gar nicht. Die Übung soll Ihnen einzig helfen, Ihr eigenes Verhalten zu hinterfragen und zu verstehen. Wenn Sie nämlich wirklich ehrlich zu sich sind, werden Sie wohl am Ende mit Erstaunen feststellen, dass neben dem einen oder anderen Eintrag Ihr eigener Name steht.

In Shaolin erzählt man sich die Geschichte von Meister Joshu, den einst ein Schüler fragte: »Meister, wenn ich nichts in meinem Geist habe, was soll ich dann tun?« Joshu antwortete: »Wirf es hinaus.« – »Aber wenn ich gar nichts habe, wie kann ich es dann hinauswerfen?«, fuhr der Frager fort. »Nun«, sagte Joshu, »dann trage es hinaus.«

Auch Ihnen bleibt für dieses Kapitel noch eine Aufgabe: Gehen Sie bitte im Geiste zu Ihren Pfosten, und reißen Sie einen nach dem anderen heraus. Lassen Sie gewesen sein, was war, öffnen Sie Ihren Geist für die Zukunft und lassen Sie Ihre Laterne den Weg beleuchten, der vor Ihnen liegt.

ÜBUNGEN

Die folgenden Fragen sollen Sie dabei unterstützen, Ihren Geist zu leeren.

Zeichnen Sie in Ihr Heft ein »Zabong«.

....

Wenn Ihr Vater das Gegenteil von dem behauptet, was Ihr Großvater gesagt hat: Wem glauben Sie? Warum?

....

Welchen Vorteil hat es für Sie, etwas nicht zu können?

....

Welchen Nachteil erkaufen Sie damit?

....

Womit hatten Ihre Eltern überhaupt nicht recht?

....

Welchem großen Irrtum sind Sie lange Zeit aufgesessen?

....

*Alles ist in uns selbst
   vorhanden, wenn wir
in uns gehen und
   wahrhaftig sind.*
               (Mengzi)

2. Begegne dir achtsam

Befreie dich von deiner eigenen Kraft.
(1. Kraftprinzip des Wing-Tsun)

Lerne, dich selbst als den wunderbaren Menschen zu begreifen, der du bist

In den dreißiger Jahren des vorigen Jahrhunderts fand in Indien ein grausames Experiment statt. Ein zum Tode verurteilter Mann, der auf seine Hinrichtung wartete, bekam eines Tages Besuch von einem Arzt. Dieser verband ihm die Augen, fesselte ihn an Armen und Beinen an sein Bett und begann schließlich, mit einem Skalpell die Haut an Handflächen und Fußsohlen des Gefangenen einzuritzen. Gleichzeitig stach er kleine Löcher in Wasserbeutel, die er zuvor an den Bettpfosten angebracht und unter denen er Blechschüsseln aufgestellt hatte. Mit jedem Schnitt in die Haut begann nun deutlich hörbar Wasser in die Blechschüsseln zu tropfen. Der Arzt stimmte einen monotonen Singsang an, der immer leiser wurde. Irgendwann tropfte das Wasser nur noch langsam in die Schüsseln, und der Verurteilte war nicht mehr ansprechbar. Der Arzt vermutete, er sei eingeschlafen oder ohnmächtig geworden. Doch er irrte. Der Mann war tot. Gestorben alleine an der Angst und dem Glauben, er würde verbluten. Durch die kleinen Schnitte in die Haut hatte er nämlich nicht einmal ein Schnapsglas voll Blut verloren.
Eine Geschichte, die deutlich zeigt, welch unvorstellbare

Energie Emotionen und Vorstellungen entwickeln können:

So hilfreich Ihre innere Kraft für Sie auch sein kann,
so gefährlich wird sie dort, wo sie außer Kontrolle gerät.
Die innere Kraft kann sich auch gegen Sie wenden.

Wie ein Tiger, der von einer Sekunde auf die andere vom liebevollen Kuscheltier zum tödlichen Angreifer wird, hat auch Ihre eigene Kraft das Potenzial, Sie zu zerstören.
Seit vielen Jahrhunderten gilt im Kloster Shaolin die Regel, dass ein Meister seinen Schüler erst zu dem Zeitpunkt in die Geheimnisse der Kampfkunst einweiht, an dem er sicher sein kann, dass der Schüler verstanden hat, was er mit diesem Wissen anrichten kann. Leider hat die Natur so etwas nicht vorgesehen.

Die Natur überlässt es jedem Einzelnen, seine Kraft zu richten,
wohin es ihm beliebt.

Richtet sich die innere Kraft nun gegen uns selbst, ist die Konsequenz zwar in den seltensten Fällen so dramatisch wie in dem eingangs erwähnten Beispiel. Aber reicht es nicht, zu wissen, dass wir uns selbst das Leben unnötig erschweren? Uns unter unserem wahren Wert verkaufen? Uns selbst für etwas hassen, für das wir gar nichts können?
Beschäftigen wir uns also zunächst einmal mit den Konsequenzen unkontrollierter Kraft: Wird innere Kraft nicht kontrolliert, kann es geschehen, dass Sie immer genau die Ergebnisse erhalten, die Sie zu erhalten erwarten. Das

mag jetzt banal klingen, hat aber in Wirklichkeit große Folgen.

Am Ende beeinflusst Ihr Denken nämlich Ihr Verhalten.

Sind Sie nun der Meinung, eine Sache könne keinesfalls ein Erfolg werden, werden Sie auch entsprechend wenig dafür tun. Wozu sollten Sie sich auch für etwas anstrengen, aus dem ohnehin nichts werden kann!

Ironischerweise hat diese Art zu denken sogar einen Vorteil: Das vorhergesagte Ergebnis tritt in jedem Fall ein. Erinnern Sie sich nur an den Zirkuselefanten. Auch er bleibt letztlich aus eigener Entscheidung für den Rest des Lebens ein Gefangener seines Denkens. Gleichgültig, wie stark er tatsächlich ist und was er eigentlich verändern könnte: Seine gegen sich selbst gerichtete innere Kraft ist seinen körperlichen Möglichkeiten überlegen und verhindert wirkungsvoll, dass diese sich entfalten.

Nehmen Sie bitte Ihr Heft zur Hand. Schreiben Sie auf eine neue Seite »Meine Kraft gegen mich«. Darunter notieren Sie die letzten fünf Gelegenheiten, bei denen Ihre eigene Kraft Sie daran gehindert hat, etwas zu realisieren, zu dem Sie eigentlich in der Lage gewesen wären. Wann haben Sie also Ihre Kraft gezielt gegen sich eingesetzt?

Auch wenn ich bereits an anderer Stelle ausführlich darüber geschrieben habe, möchte ich hier noch einmal kurz auf einen sehr wichtigen Aspekt eingehen.

Im Kopf der meisten Menschen ist das Wort »Kraft« ganz automatisch mit Veränderung assoziiert, mit Vorankommen, mit dem Erreichen eines Zieles, das man sich wünscht.

Entweder, so meinen viele, nutzen wir die Kraft unseres Denkens, oder wir nutzen sie eben nicht. Wie ein Werkzeug, das man verwendet oder im Schrank lässt.

Doch man kann das Denken nicht abschalten.

Man kann den Wunsch, dieses Werkzeug abzuschalten, nicht einfach umsetzen: Diese Möglichkeit ist nicht gegeben, sie entspricht nicht den Tatsachen.
Vielmehr ist unser Denken wie ein Pressluftbohrer ohne Abschaltknopf, der Tag und Nacht durcharbeitet. Die Frage ist also nicht, ob, sondern alleine, wo er bohrt. Meistens richtet sich seine Spitze gegen uns. Für den Anfang ist es daher oft schon sehr hilfreich, diesen Mechanismus zu erkennen.

Es ist besser, nichts zu machen, anstatt kraftvoll das Falsche zu tun.

Tatsächlich ist das erst der Anfang: zu verhindern, dass wir einfach tun. Die zerstörerische Wirkung falsch eingesetzter innerer Kraft geht weit über das hinaus, was Sie sich wohl vorstellen möchten. Ob der Tiger es besser macht? Ich denke schon. Zumal er uns Menschen gegenüber einen großen Vorteil hat: Er kennt keine Sprache. Ich meine hier nicht die Fähigkeit der Verständigung, die ist wohl allen Wesen gegeben. Ich meine jene Eigenschaft, die alleine der menschlichen Sprachen vorbehalten ist: die Fähigkeit, jene Wirklichkeit zu schaffen, die wir später unseren Entscheidungen zugrunde legen werden.
Entgegen einer weitverbreiteten Annahme entscheidet nämlich niemand auf Basis von Tatsachen.

2. Begegne dir achtsam

Wir treffen unsere Entscheidungen einzig und alleine auf Grundlage dessen, was wir für Tatsachen halten.

Was nicht immer mit dem übereinstimmen muss, was Tatsache ist.

Andernfalls wäre nämlich etwas wie ein Hörfehler, also ein akustisches Missverständnis, mit all seinen unangenehmen Konsequenzen ausgeschlossen. Warum sollten wir uns auch über etwas ärgern, warum sollte uns etwas gar kränken können, das weder so gesagt noch so gemeint war? Wir tun es aber, wir sind verärgert und gekränkt, weil wir es so verstanden haben und unser Denken es uns zur Wirklichkeit macht.

Der Schriftsteller Rudyard Kipling hat Sprache einmal als die mächtigste Droge der Menschheit bezeichnet. Eine Droge, die Tiere zu ihrem eigenen Glück nicht kennen. Oder denken Sie ernsthaft, Sie könnten einen Tiger belügen oder telefonisch bedrohen? Ihm verständlich machen, warum Heilige nicht in die Hölle kommen, Sünder aber schon? Glauben Sie wirklich, Sie könnten einen Tiger beleidigen, kränken, ihm mit einer ungewissen Zukunft drohen oder ihm einfach klarmachen, dass Sie mehr über seine »ohnehin mickrigen Fähigkeiten und Möglichkeiten« wüssten als er selbst?

Vergessen Sie es. Ohne Sprache geht das alles nicht.

Und genau das verleiht vermeintlich harmlosen Worten ungeahnte Kräfte. Ja, Kräfte, die sich, falls Sie nicht ganz bewusst achtsam mit sich umgehen, sehr schnell gegen Sie richten.

Wie auch das Denken entsteht Sprache in unserem Körper und ist daher genau genommen ein Teil von uns.

2. Begegne dir achtsam

Was du denkst, so wusste schon Buddha, das bist du.

Und was du denkst, das fühlst du.
Nicht vergessen, Sie sind nicht traurig, erschüttert oder verärgert, weil etwas Trauriges, Erschütterndes oder Ärgerliches passiert ist, sondern weil jemand Ihnen erzählt, dass dem so sei. Dafür gibt es zahlreiche Beispiele: Ist eine Person, die Sie zwar sehr mögen, aber seit einer Ewigkeit nicht mehr gesehen haben, schon lange tot, haben Sie damit kein Problem, solange Sie vom Ableben des Betreffenden nichts wissen. Umgekehrt würde eine aus einem Missverständnis entstandene falsche Todesnachricht Sie aber zutiefst treffen.

Sprache schafft unweigerlich Bilder im Kopf und damit verbunden stärkende oder schwächende Gefühle.

In Shaolin erzählt man sich, dass sich eines Tages die Frösche entschieden, einen Wettlauf zu veranstalten. Um es besonders schwierig zu machen, legten sie fest, dass das Ziel sei, auf den höchsten Punkt eines großen Turms zu gelangen. Am Tag des Wettlaufs kamen auch viele andere Frösche, um zuzusehen. Dann endlich begann der Wettlauf. Nun war es so, dass keiner der zuschauenden Frösche glaubte, auch nur ein einziger Teilnehmer könne das ehrgeizige Ziel tatsächlich erreichen. Statt also die Läufer anzufeuern, riefen sie: »Ach! Die Armen! Sie werden es nie schaffen!«, »Das ist einfach unmöglich!« oder »Das schafft Ihr nie!«.
Und tatsächlich schien es, als sollte das Publikum recht behalten. Nach und nach gaben immer mehr Frösche auf. Das Publikum schrie weiter. »Ach, die Armen! Sie werden es nie schaffen!« Und wirklich, am Ende gaben alle Frösche

auf. Bis auf einen, der unverdrossen den steilen Turm hinaufkletterte und schließlich als Einziger das Ziel erreichte. Die Zuschauer waren verdattert. Sie quakten lautstark und diskutierten darüber, wie der Frosch das offensichtlich Unmögliche geschafft haben könnte. Schließlich nahm einer der Teilnehmer seinen ganzen Mut zusammen und näherte sich dem Sieger, um ihn nach seinem Geheimnis zu fragen. Und da erst merkte er, dass dieser Frosch taub war.

Nehmen Sie bitte Ihr Heft, und schreiben Sie auf eine neue Seite untereinander folgende Worte: Sonnenstrahl, Todesnachricht, Heiligsprechung, Totalversagen, Duftkerze, Klageandrohung, Ferienwohnung. Lassen Sie nun jedes dieser Worte kurz in Ihrem Kopf wirken, und beobachten Sie, welches Gefühl es jeweils erzeugt. Wenn Ihnen das entstehende Gefühl sehr zusagt, machen Sie drei Pluszeichen neben das Wort, gefällt es Ihnen überhaupt nicht, drei Minuszeichen. In allen anderen Fällen finden Sie bitte eine entsprechende Bewertung zwischen minus drei und plus drei. Für den Fall, dass Sie einem Wort völlig »gefühllos« gegenüberstehen, notieren Sie eine Null. Sobald Sie das erledigt haben, machen Sie das Gleiche mit den Worten Abcd, Efghi und Jopq. Fertig?

Dann werfen Sie einen kurzen Blick auf Ihre Bewertungen. Wären Worte nichts als leere Buchstabenfolgen, müssten Sie eigentlich alle gefühlsneutral betrachten. Hinter jedem Wort müsste also eine fette Null stehen. Was aber sehr wahrscheinlich nicht der Fall ist. Verstehen Sie, worauf ich hinausmöchte?

Bereits vermeintlich simple Worte, gedacht ohne jeden Zusammenhang, haben die Kraft, Ihre Gefühle zu beeinflussen.

Es geht aber noch weiter. Macht es für Sie einen Unterschied, ob Sie eine Sache »lange« oder aber »zu lange« nicht mehr gemacht haben? Für mich schon. Wann genau aber beginnt für Sie »zu lange«?

Genau dieses kleine Wort macht in der Praxis einen riesigen Unterschied in der Frage, wie Sie an eine Sache herangehen werden. »Lange nicht mehr gemacht« und dennoch mit der Leichtigkeit des Tigers? Oder »zu lange nicht mehr gemacht« und gelähmt von den Pflöcken des Elefanten?

Vergessen Sie nicht, Sie sind frei zu denken, was Sie möchten. Es ist also alleine Ihre Entscheidung, sich eine Aufgabe mit dem kleinen Zusatz »zu« zu erschweren.

Sie sehen, worauf ich hinauswill:

Innere Stärke beginnt beim eigenen Denken.

Innere Stärke beginnt bei der oft unterschätzten Frage, wie jemand mit sich selbst spricht. Nicht nur, wie jemand mit sich selbst umgeht, sondern mit sich selbst spricht. Besonders in emotionalen Situationen äußern viele Menschen ihre Gedanken über sich selbst oft laut, und ein Zuhörer bekommt Erstaunliches zu hören: »Du bist ja wirklich ein Vollidiot!« oder »Du bist ja echt für alles zu dumm!«. Und so weiter.

Kommt Ihnen das bekannt vor? Die gute Nachricht zuerst: Sie sind damit nicht allein. Aber sprechen Sie eigentlich mit anderen Menschen auch so? Zum Beispiel mit Ihrem Chef? Um Gottes willen nein, das wäre ja respektlos? Warum aber tun Sie es dann sich selbst gegenüber? Weil Sie sich eine respektvolle Behandlung nicht wert sind?

2. Begegne dir achtsam

Meiner Erfahrung nach gibt es einen direkten Zusammenhang zwischen der Art, wie Menschen mit sich selbst umgehen, und der Frage, wie sie mit sich umgehen lassen und wie in der Folge mit ihnen umgegangen wird.

Wie aber kann jemand, der sich nicht einmal selbst wichtig nimmt, erwarten, dass ein anderer es tut?

An diesen Umgangsformen muss sich also etwas ändern. Am Umgang mit Ihnen selbst. Versetzen Sie sich bitte kurz in eine Situation, in der Sie einmal sehr zornig auf sich selbst waren, und hören Sie kurz zu, wie Sie mit sich gesprochen haben. Erstaunlich, oder?

Schreiben Sie jetzt bitte zumindest fünf für solche Situationen charakteristische Sätze in Ihr Heft. Lesen Sie das Geschriebene, und prüfen Sie bei jedem Satz, ob Sie ihn auch einem Menschen gegenüber gebrauchen würden, zu dem Sie aufschauen. Streichen Sie alle Aussagen durch, die Ihnen dem anderen gegenüber nicht über die Lippen kämen, und nehmen Sie sich vor, diese von nun an ganz bewusst auch sich selbst gegenüber nicht mehr zu verwenden. Sollten Sie sich in der Zukunft doch wieder einmal dabei ertappen, stoppen Sie den Gedanken umgehend, erinnern Sie sich daran, dass diese Aussage gestrichen ist.

Möglicherweise entgegnen Sie jetzt, dass das Eingestehen von Fehlern doch der einzige Weg sei, um diese auch in Zukunft zu vermeiden. Da gebe ich Ihnen völlig recht. Verstehen Sie meine Aussage auch bitte nicht als Aufforderung, von nun an alles, was Sie tun, für göttlich zu halten. Aber reicht nicht manchmal auch ein »Oh, das sollte ich beim nächsten Mal anders machen«?

2. Begegne dir achtsam

Suchen Sie Fehler, nicht Schuld.

> Zorn, Anklage und Rechtfertigung vor sich selbst kosten erstaunlich viel Kraft, die Sie woanders besser gebrauchen können. Es zahlt sich daher aus, immer wieder das eigene Vokabular zu durchforsten und alle jene Worte zu entfernen, die Ihnen nicht guttun. Und wenn Sie schon dabei sind: Misten Sie auch gleich alles aus, was Sie dem Tiger nicht erklären könnten.
>
> Nicht immer aber hat unser Zorn auf uns selbst seine Ursache in etwas, das gerade erst passiert ist. Viele Menschen tragen seit vielen Jahren wie einen riesigen Pflock die Erinnerung an etwas in sich, das lange vorbei und daher unveränderlich ist. Und obwohl sie wissen, dass es Kraft kostet und dass es sie von innen her auffrisst, sind sie nicht bereit oder in der Lage, sich davon zu trennen.

Wie es uns schwerfällt, uns selbst zuzugestehen,
eine Sache richtig gut gemacht zu haben, fällt es uns mindestens
genauso schwer, uns selbst zu verzeihen.

> Wir schaffen es oft nicht zu erkennen, dass wir mit den Fehlern der Vergangenheit irgendwann einfach abschließen müssen.

Auch hier können wir vom Tiger lernen. Sind Sie in der Lage,
ihm das Wort »Schuld« zu erklären? Falls nicht, entfernen Sie es
aus Ihrem Wortschatz.

> Wenn es allein damit auch nicht getan ist, spart dieser kurze Eingriff Ihnen in Zukunft eine Menge Energie.

2. Begegne dir achtsam

Denn selbst wenn Sie an etwas wirklich »schuld« sind und bereit sind, diese Schuld auf sich zu nehmen, was genau ändert sich dadurch? Überhaupt nichts. Abgesehen davon, dass Sie sich schlecht fühlen und sich selbst in eine Abwärtsspirale ziehen, deren einziger Zweck es ist, Sie zu schwächen.
Gleichgültig aber, welche Fehler Sie in der Vergangenheit auch gemacht haben mögen, sie werden davon nicht ungeschehen, dass Sie sich jeden Tag Vorwürfe machen. Nehmen Sie bitte Ihr Heft zur Hand. Schreiben Sie groß auf eine neue Seite: »Was für mich ab sofort erledigt ist.« Darunter tragen Sie nun alles ein, was Sie schon länger mit sich herumtragen, obwohl Sie es eigentlich loslassen sollten. Kommt Ihnen später einer dieser Punkte ins Gedächtnis, dann denken Sie an die Liste. Machen Sie sich bewusst, dass die Angelegenheit erledigt ist und daher keines weiteren Nachdenkens mehr bedarf. Und wann immer Ihnen später noch etwas einfällt, das ebenfalls auf diese Liste gehört, beenden Sie die Selbstvorwürfe und schreiben Sie es dazu.
Sprache vermag es aber noch auf eine andere Art, uns das Leben schwerzumachen.

Denn erst mit Hilfe der Sprache
ist es uns Menschen möglich,
so etwas wie Regeln und Glaubenssätze zu erschaffen.

Letztere unterscheiden sich von den Pflöcken des Elefanten darin, dass sie ausschließlich in unseren Köpfen existieren: Mach es allen recht! Sei perfekt! Streng dich an!
Wie wollten wir dem Tiger so etwas begreiflich machen?

2. Begegne dir achtsam

Wenn Sie seinem Weg folgen möchten, machen Sie es wie der Tiger. Ignorieren Sie solche Aussagen einfach.

Am besten wäre es, Sie könnten sich generell angewöhnen, nichts in Ihrem Kopf herumliegen zu lassen, das die Kraft hat, Sie zu schwächen. Nichts, was Sie daran erinnert, nichts, was einem Gedanken die Möglichkeit gibt, seine zerstörerische Kraft zu entfalten.

Sperren Sie solche Dinge gedanklich in ein Schließfach.

Schreiben Sie diese Dinge in Ihr Heft. Entfernen Sie sie, auf welche Art Sie wollen, spülen Sie sie meinetwegen im Kopf in der Toilette runter. Hauptsache, sie sind weg.

»In gewisser Weise«, hat der Autor Jack Kerouac einmal gesagt, »bedeutet Vergebung bisweilen einfach, dass wir beschließen, den Hass in unserem Inneren nicht länger mitzuschleppen, weil wir begriffen haben, dass er uns vergiftet.« Wer immer auch unsere schlechten Gefühle verursacht haben mag: Wir sind immer diejenigen, die am meisten unter ihnen zu leiden haben.

Eines Tages, so erzählt man sich in Shaolin, kam ein junger Mönch zu seinem Meister, um ihn nach dem Geheimnis eines erfolgreichen Lebens zu fragen. »Mach jeden Tag einen Menschen glücklich!«, antwortete der Meister. Nach einem kurzen Moment fügte er hinzu: »Selbst wenn dieser Mensch du selbst bist.« Und einen weiteren Augenblick später sagte er: »Vor allem, wenn dieser Mensch du selbst bist.«

Die Idee, mich in jeder Hinsicht um mich selbst zu kümmern, ist einer der wichtigsten Denkansätze, die ich von den Asiaten gelernt habe. Konkret bedeutet das zweierlei:

Mich nicht in Dinge einmischen,
die mich nichts angehen.
Die können mir egal sein.

Zum anderen:

Ganz bewusst darauf zu schauen, dass es mir gutgeht.

Wenn ich in meinen Vorträgen von dieser Idee erzähle, kommt sehr häufig die Frage: »Ist es denn nicht unglaublich egoistisch, zuerst an sich selbst zu denken?«
Der Schriftsteller Robert Musil hat dazu einmal Folgendes gesagt: »Wer sich selbst nicht auf die rechte Art liebt, kann auch andere nicht lieben. Denn die rechte Liebe zu sich ist auch das natürliche Gutsein zu anderen. Selbstliebe ist also nicht Ichsucht, sondern Gutsein.«
Heute bezeichnet man diese Art des Umgangs mit sich selbst auch oft als Achtsamkeit. Achtsamkeit gegenüber sich selbst. Und Achtsamkeit gegenüber anderen.

Doch wie kann ich anderen Menschen
achtsam begegnen, wenn ich nicht einmal fähig bin,
mit mir selbst achtsam zu sein?

Tiger – falls Sie gerade keinen zur Hand haben, können Sie das übrigens auch ganz ausgezeichnet bei Katzen beobachten – stellen sich grundsätzlich in den Mittelpunkt. Es mag jetzt durchaus sein, dass wir viele Tiger wie auch Katzen aus diesem Grund für fürchterlich egoistisch halten. Aber ich möchte Ihnen etwas Wichtiges verraten: Dem Tiger ist das herzlich egal.

*Vergessen Sie eines nicht: Sie sind das Wichtigste,
das Ihnen anvertraut worden ist.
Passen Sie also entsprechend auf sich auf.*

Alles andere wäre tatsächlich egoistisch. Es ist Ihr Recht, aber auch Ihre Pflicht, sich selbst Gutes zu tun. Wie viel kann jemand geben, der selbst innerlich leer ist?

Stellen Sie sich einen professionellen Redner vor, der nicht bereit ist, auf sich zu achten. Als er eines Tages eine sehr wichtige Rede halten soll, mit der er vieles verändern könnte, ist er so krank, dass ihm die Stimme versagt. Denken Sie, dass dieser Redner große Veränderungen bewirken wird? Würden Sie umgekehrt so einen Menschen für einen Egoisten halten, wenn er auf sich achtgibt?

Wie heißt es immer so schön, wenn im Flugzeug die Maßnahmen für einen eventuellen Druckabfall in der Kabine erklärt werden? Setzen Sie bitte zuerst die eigene Maske auf, bevor Sie anderen helfen.

Schreiben Sie bitte die drei wichtigsten Gründe in Ihr Heft, die Sie davon abhalten, die eigene Maske zuerst aufzusetzen. Daneben vermerken Sie, was Sie diesen Hindernissen in der Zukunft entgegensetzen werden.

*Wollen Sie Ihre innere Kraft nutzen, dann müssen Sie lernen,
sich selbst wichtig zu nehmen.*

Aber auch das funktioniert nur dann, wenn Sie es ganz bewusst tun. Bei meinen Seminaren beobachte ich immer wieder folgendes Verhalten: Als Trainer bitte ich einen Teilnehmer nach vorne zu kommen und der Gruppe das Ergebnis seiner Arbeit zu präsentieren. Eine Aufforderung, die

2. Begegne dir achtsam

meist auf wenig Gegenliebe stößt, da viele Menschen Angst haben, vor Gruppen zu sprechen. In den meisten Fällen beginnt nun der Betreffende seinen Vortrag schon, während er noch auf dem Weg nach vorne ist. Ich kenne den wirklichen Grund dafür nicht, doch ich vermute hinter diesem Verhalten die Angst, nicht wichtig genug zu sein, um für das eigene Thema Raum und Zeit einfordern zu dürfen. Jeder versucht also, die Zuhörer möglichst nicht lange aufzuhalten.
Versetzen Sie sich bitte einmal selbst in eine solche Situation. Wie verhalten Sie sich? Beginnen Sie schon im Gehen zu reden, oder stellen Sie sich ruhig vor die Gruppe, warten, bis Sie die Aufmerksamkeit Ihrer Zuhörer haben, und beginnen erst dann zu sprechen?
Denken Sie bitte kurz darüber nach, und schreiben Sie ehrlich das Ergebnis in Ihr Heft. Fertig?
Dann versetzen Sie sich bitte in die Rolle eines Zuhörers und stellen sich beide Situationen aus dessen Sicht vor. Zuerst einen Vortragenden, der schon im Gehen zu sprechen beginnt. Darauf einen Kollegen, der sich selbstsicher den Raum und die Zeit nimmt, die ihm zustehen.
Wer von beiden erscheint Ihnen stärker? Welcher Redner gibt Ihnen das größere Gefühl von Sicherheit? Und wem würden Sie im Falle des Falles eher folgen? Schreiben Sie auch diese Antworten auf.

Raum für sich selbst einzufordern heißt aber noch mehr.
Es bedeutet, dass Sie sich zugestehen,
der Mensch sein zu dürfen, der Sie tatsächlich sind.

Auch dort, wo Ihre Träume und Wünsche nicht den Idealen und Erwartungen Ihrer Mitmenschen entsprechen.

Vielleicht nimmt es dann endlich ein Ende mit dieser weitverbreiteten Praxis des programmatischen sich selbst Belügens, besser bekannt unter dem Namen »positives Denken«? Ganz abgesehen davon, dass das Wort »positiv« nichts mit »schön«, aber mit »erschaffend« zu tun hat, gibt es wohl keinen größeren Veränderungskiller als die Technik, sich mit großem Aufwand Unschönes schönzureden. Denn wo kein Fehler ist, dort besteht auch kein Bedarf, etwas zu korrigieren, und alles kann bleiben, wie es ist.

Nun wäre das nur halb so schlimm, erforderte das Beschönigen von Unschönem nicht mindestens die gleiche Kraft wie die tatsächliche Veränderung zum Besseren.

Lassen Sie Ihre Kraft daher lieber in Verbesserungen münden als in Schönfärberei.

Immer wieder bekomme ich in Gesprächen sinngemäß das Folgende zu hören: Eigentlich habe ich ja schon als Kind davon geträumt, die Welt zu bereisen, Abenteuer zu erleben und davon zu leben, indem ich darüber schreibe. Aber das war natürlich ein unrealistischer Traum. Jetzt wohne ich noch zu Hause bei Mutti und komme höchstens einmal in den Supermarkt oder ins Büro. Natürlich würde ich noch immer gerne unterwegs sein, aber eigentlich ist es doch auch gut so, wie es ist. Ist es natürlich nicht. Denn wenn ohnehin alles so super ist, warum wünschen sich dann so viele insgeheim, es wäre anders?

Schreiben Sie nun die drei wichtigsten Umstände in Ihr Heft, bei denen Sie Schönreden der Veränderung vorgezogen haben. Bitte vermerken Sie dazu, warum dem so ist.

2. Begegne dir achtsam

Ein Tiger jedenfalls kümmert sich immer zuerst um sich selbst und sorgt dafür, dass geschieht, was ihm guttut.

Wenn wir uns in einer Notlage achtsam begegnen, dann wird das allgemein akzeptiert. Doch uns selbst achtsam zu begegnen bedeutet auch, dass wir bereit sind, selbst dort zu uns zu stehen, wo wir etwas richtig gut gemacht haben.

Achtsamkeit meint, uns mit unseren Fähigkeiten, Stärken und Möglichkeiten bedingungslos und voller Freude anzunehmen.

Sobald Sie nämlich den Mut finden, wahrhaftig in sich zu gehen, werden Sie erkennen, wie vieles auch in Ihnen vorhanden ist.

ÜBUNGEN

Begegnen Sie sich selbst achtsam? Die folgenden Fragen unterstützen Sie dabei.

Ist es wichtiger zu tun, was man soll oder was man möchte?
....

Ist Achtsamkeit sich selbst gegenüber rücksichtslos?
....

Wer ist der wichtigste Mensch auf dieser Welt?
....

Was können Sie niemals erreichen? Warum?
....

Was lügen Sie sich lieber schön, als es zu verändern?
....

Warum? Um welchen Preis?
....

Was macht Sie als Mensch besonders?
....

*Immer führt die
Anhänglichkeit an das Objekt
den Untergang
  des Besitzers herbei.*
(*Marcel Proust*)

3. Überwinde Verlustangst

Alles, was ist, wie groß und gut es sei, besteht seine Zeit, erfüllt seine Zwecke und geht vorüber.

(Franz von Assisi)

Lerne, dass dein wirklicher Reichtum allein in dir selbst liegt

Seit vielen Jahren gehört – sowohl beruflich als auch privat – das Reisen zu meinem Leben. Wo immer möglich, nutze ich dabei die Gelegenheit und beobachte meine Mitreisenden.
Besonders spannend ist das beim Fliegen. Kaum ist nämlich der Flieger an seinem Bestimmungsort gelandet, werden die Passagiere nervös. Entgegen der ausdrücklichen Anweisung, sitzen zu bleiben, beginnen sie, hektisch aufzustehen und das Gepäck aus der Ablage zu nehmen. Was ich daran so besonders finde? Diese plötzliche Unruhe hat nichts damit zu tun, wie lange der Flug gedauert hat. Es ist also nicht das lange Sitzen, das die Menschen unruhig macht. Vielmehr tritt das Verhalten regelmäßig erst dann auf, wenn den Reisenden bewusst wird, dass der Flug vorbei ist. Wären sie nämlich der Meinung, das Flugzeug sei noch in der Luft, säßen die meisten von ihnen weiterhin brav angeschnallt auf ihren Plätzen. Nicht also mangelndes Sitzfleisch ist die Ursache für die Ungeduld, sondern allein das Bewusstsein, dass die Reise zu Ende ist und dass sie wieder über ihr Leben verfügen können. Das lässt die Reisen-

den in der beschriebenen Weise handeln. So ist es aber bei vielem anderen auch.

Tieren hingegen, so meine Überzeugung, fehlt diese menschliche Fähigkeit, sich selbst zu begreifen. Das ist auch daran zu sehen, dass sich wohl kein Tier als vergängliches Wesen versteht. Das führt einerseits dazu, dass eine Kuh, die das Leben im Allgemeinen und das Stallleben im Besonderen satthat, sich nicht in Selbstmordabsicht von einer Felswand stürzen kann.

Ohne dieses Bewusstsein gibt es aber auch kein Bewusstsein für Besitz.

Wenn ich mich nicht einmal selbst als Individuum wahrnehme, wie kann ich dann Besitztümer auf dem Mond verteidigen? Selbstverständlich haben auch Tiger Jagdreviere, von denen sie instinktiv die Konkurrenz fernhalten. Aber dass sie auf die Idee kämen, spezialisierte Kollegen dafür zu bezahlen, einen nutzlos gewordenen Kadaver gegen Ameisen zu verteidigen ... Solch ein Verhalten hieße, unnötig Kraft zu verschwenden. Ebenso wenig käme ein Tiger auf die Idee, sich darum zu sorgen, was er in drei Wochen essen wird. Vielmehr geht er davon aus, dass er zu dem Zeitpunkt, an dem er Essen sucht, auch Essen finden wird.

Wer sich nicht unnötig Sorgen um die Zukunft macht, spart Kraft.

Was aber, so mögen Sie jetzt vielleicht denken, wenn der Tiger, dieser lässig Unbeschwerte, am Ende nichts findet? Dann, so muss ich zugeben, verhungert er. Machen es also wir Menschen doch besser? Nein. Erstaunlicherweise verhungern wir nämlich ohne Essen genauso. Mit dem einzigen Unterschied, dass wir uns vorher drei Wochen lang Sorgen gemacht haben.

Für mich persönlich ist die Fähigkeit zum Besitzdenken, die uns von den Tieren unterscheidet, kein Fortschritt, denn sie schränkt uns ein in unserer Lebensfreude. Schließlich ist Sorge ein enger Verwandter der Verlustangst, die ich wiederum zu den mächtigsten natürlichen Feinden des Menschen zähle.

Weiter gedacht, führt Verlustangst nämlich dazu, dass wir vor lauter Angst, etwas zu verlieren, am Ende so handeln, dass der Verlust – statt geringer – oft sogar größer wird.

In Shaolin erzählt man sich dazu die folgende Geschichte: Ein großer Verehrer Buddhas besaß eine alte, sehr kostbare hölzerne Statue. Er trug diesen Holzbuddha bei sich wie einen großen Schatz. Als er eines Winters in einer zugigen Hütte übernachtete, war es bitterkalt. Obwohl er bereits kurz davor war, zu erfrieren, konnte er nirgends Holz für ein Feuer finden. Um Mitternacht, so heißt es, als er bereits dem Tode nahe war, erschien ihm Buddha und sagte: »Warum verbrennst du mich nicht?« Da fiel der Blick des Mannes auf die hölzerne Statue. Doch er wusste: Dies musste der Teufel sein, der ihm einflüsterte. Der Mann bekam Angst. Er sagte: »Die kostbare Darstellung von Buddha verbrennen? Niemals!« Buddha lachte und sagte: »Wenn du mich in dem Schnitzwerk suchst, wirst du an mir vorbeigehen. Ich bin in dir, nicht in der Statue. Ich bin nicht im verehrten Objekt. Ich bin im Verehrenden. Ich zittere in dir. Verbrenne diese Statue.«

Ich erzähle Ihnen diese Geschichte nicht, weil es mir um die

Frage ginge, ob man religiöse Stücke notfalls verbrennen darf. Mich fasziniert vielmehr die Idee, dass ein Mensch eher bereit wäre zu sterben, als sich von einer Schnitzerei zu trennen.

Nehmen Sie bitte Ihr Heft zur Hand. Benennen Sie für sich die drei Statuen, die Sie auch dann nur sehr schwer verbrennen könnten, wenn es Ihnen einen großen Nachteil brächte, es nicht zu tun.

Meist geht es nicht einmal darum, eine Sache wirklich zu zerstören.

Manchmal verbieten wir uns bereits, etwas auch nur zu benutzen, mit dem wir uns eigentlich gut fühlen. Einfach aus Angst, der Gegenstand könnte durch die Benutzung an Wert verlieren.

Ich selbst erinnere mich da an eine neue Brille, die ich mir vor einiger Zeit in Vietnam gekauft hatte. Ich hatte lange gesucht, bis mir endlich eine Fassung gefiel, und am Ende war ich sehr glücklich, weil ich die Brille einfach genial fand. Gleichzeitig aber zögerte ich ständig, sie aufzusetzen. Zu groß war die Angst, die nicht mehr wiederbeschaffbare Fassung könnte verschleißen und unbrauchbar werden.

Wahrscheinlich haben solche Ängste ihren Ursprung in unseren Kindertagen, als wir bei unzähligen Gelegenheiten zu hören bekamen, eine Sache würde nicht besser davon, dass man sie ständig benutze. Eine Aussage, der ich ja nicht einmal widersprechen kann. Aber wird denn irgendetwas davon besser, dass man es unbenutzt herumliegen lässt? Auf den Gipfel treiben jene Menschen diesen Kult, die einen kostbaren Wein so lange aufheben, bis er ungenießbar geworden ist, und die ihn dann in den Abfluss

gießen müssen. Oder alle, deren neu erworbene Kleider im Schrank ungetragen darauf warten, dass sie unmodern werden.
Schreiben Sie bitte die letzten fünf Gelegenheiten in Ihr Heft, bei denen Sie sich aus Verlustangst selbst einen Vorteil vereitelt haben.

Das tatsächlich Schlimme dabei ist, dass gerade die Angst vor dem Verlust zum Verlust führt.

In einer großen amerikanischen Stadt lebte einst ein Mann, der seinen Lebensunterhalt mit dem Verkauf von Hotdogs am Straßenrand verdiente. Seine Ohren waren nicht besonders gut. Also hörte er nie Radio, und aufgrund seiner schlechten Augen las er keine Zeitung und sah auch nicht fern. Seine Hotdogs aber, die waren richtig gut. Er stellte Werbeschilder auf, um sie anzupreisen. Immer mehr Leute kauften die fantastischen Hotdogs. Um die Nachfrage befriedigen zu können, bestellte er immer mehr Würstchen und kaufte einen größeren Herd. Als er schließlich einen Helfer brauchte, beschloss er, seinen Sohn zu fragen, der an der Universität studierte. Als dieser von den Erweiterungsplänen seines Vaters hörte, schlug er entsetzt die Hände über dem Kopf zusammen und rief: »Vater, hast du denn nicht Radio gehört? Hast du nicht ferngesehen? Wir haben eine riesige Rezession! Alles geht vor die Hunde …!« Daraufhin meinte der Vater bei sich: »Mein Sohn geht auf die Universität, er liest Zeitung, hört Radio und sieht fern. Also wird er es wissen.« Er reduzierte die Bestellungen, tauschte den großen Herd wieder gegen einen kleinen, entfernte die Reklameschilder und sparte sich die Mühe, seine Hotdogs

3. Überwinde Verlustangst

anzupreisen. Praktisch über Nacht brach das Geschäft ein. Wenige Tage später sagte der Vater zu seinem Sohn: »Du hattest recht. Wir befinden uns tatsächlich in einer gewaltigen Rezession.«

Notieren Sie bitte, bei welchen Gelegenheiten in der letzten Zeit bei Ihnen alleine Verlustangst zu Verlusten geführt hat.

Nehmen wir als konkretes Beispiel für Verlustängste einmal die Angst, ein falsches Verhalten in der Vergangenheit habe uns Zeit geraubt. Denken Sie nur an das Beispiel Reisen: Eigentlich wollten Sie es schon immer tun, und genau genommen hätten Sie auch die Möglichkeit dazu gehabt. Warum auch immer, Sie haben die Gelegenheit nicht genutzt.

Denken Sie an die vielen Menschen, die sich selbst belügen, nur um weiter an einer Verhaltensweise festzuhalten, die ihnen schadet.

Wie viele ändern nichts, nur damit sie nicht zugeben müssen, dass sie selbst die Zeit vertan haben?

Häufig reden sich die Betroffenen ihre Pflöcke sogar schön und ketten sich vehement nur noch fester daran. »Wenn ich es schon nicht konnte, als ich noch jung war«, so bekomme ich oft zu hören, »wie soll es dann im Alter funktionieren?« Man soll, so sagt ein altes Sprichwort, schlechtem Geld kein gutes nachwerfen. Gleiches gilt auch für Lebenszeit. Selbst wenn es eine weitverbreitete Praxis ist:

Welchen Sinn macht es, sich einzureden, etwas sei unmöglich, nur um nicht zugeben zu müssen, dass es schon lange durchaus machbar gewesen wäre?

3. Überwinde Verlustangst

Ich habe häufig das Gefühl, dass Menschen ihre einschränkende Komfortzone auch dann nicht verlassen, wenn es eigentlich problemlos möglich wäre. Einfach aus Angst vor der Erkenntnis, um wie vieles besser sie schon jahrelang hätten leben können.

Ein indisches Sprichwort besagt: »Ganz gleich, wie beschwerlich das Gestern war, stets kannst du im Heute von neuem beginnen.«

Die Zeit, die Sie mit falschem Verhalten verloren haben, ist verloren. Hören Sie damit auf, sich selbst zu beweisen, dass Sie es auch in der Gegenwart nicht besser machen können.

Wie alles in der Natur, ist auch die Kraft der Geschöpfe beschränkt. Nicht einmal Tiger verfügen über unendliche Kräfte. Stellen Sie sich aber einmal vor, dieses mächtige Tier müsste ständig einen mit Steinen gefüllten Rucksack mit sich herumtragen. Es würde wohl langsam und träge werden.

Genauso ist es aber auch bei Ihnen. Natürlich tragen Sie keine Steine herum. Aber was ist mit Ihren Sorgen, Ihren Ängsten, mit allem, was Sie einschränkt oder mit dem Sie selbst sich runterziehen? Was ist mit all dem, was Sie nicht bereit sind loszulassen?

Ich erinnere mich noch gut daran, als ich vor vielen Jahren begann, Asien zu bereisen. In einer Zeit ohne Mobiltelefone und Internet, in der sich die über Kambodscha verfügbaren Informationen auf zwei Seiten in einem Reiseführer beschränkten, waren Reisende der Meinung, sie müssten auf alles vorbereitet sein. In der Folge trug ich bei meiner ersten Tour ein halbes Outdoor-Geschäft mit mir herum. Man

3. Überwinde Verlustangst

konnte ja schließlich nie wissen. Auf die Idee, dass die Einheimischen, deren Leben zu teilen ich aufgebrochen war, seit vielen Jahren auch ohne diese unnötige Ausrüstung ziemlich gut überlebt hatten, kam ich erst unterwegs. Und zwar exakt in dem Moment, in dem ich zu müde war, ständig diese Unmenge an Gepäck mit mir herumzuschleppen, und mich entschloss, das nutzlose Equipment vertrauensvoll einem Mülleimer zu überantworten.

Bis heute zählt für mich das Ritual am Ende einer Reise, unbrauchbar gewordene Kleidung und alle anderen nutzlos gewordenen Ausrüstungsgegenstände zu entsorgen, zu den befreiendsten Tätigkeiten, die ich kenne. Vermisst habe ich im Nachhinein noch nie etwas.

Zeichnen Sie bitte in Ihr Heft auf eine leere Seite so groß die Umrisse eines symbolischen Papierkorbs, dass er das ganze Blatt ausfüllt. In diesen Umriss schreiben Sie jetzt alles hinein, von dem Sie sich eigentlich schon lange trennen sollten, es aber aus der Angst heraus nicht getan haben, etwas zu verlieren. Das können materielle Dinge genauso sein wie als falsch erkannte Gedanken, eine persönliche Einstellung, aber auch Menschen, die Ihnen nicht guttun. Notieren Sie ohne Angst ausnahmslos alles, was Ihnen einfällt. Wie Sie anschließend mit dem Inhalt dieses Papierkorbs verfahren, überlasse ich Ihnen.

Auch wenn es eine menschliche Eigenschaft zu sein scheint, jedes Behältnis, und sei es unser eigenes Denken, so lange zu füllen, bis es platzt, vergessen Sie eines nicht:

Gleichgültig, ob auf einer Reise oder im Kopf, was auch immer Sie einpacken, Sie müssen es in der Folge mit sich herumtragen.

3. Überwinde Verlustangst

Es sei denn, Sie werden zum Tiger, der eben keinen schweren Rucksack mit sich schleppt.
Verlustangst bewirkt aber noch mehr. Für viele Menschen ist sie einer der Hauptgründe, im Leben nichts zu verändern. Was nämlich, so lautet die bange Frage vor jeder Veränderung, werden meine Freunde denken? Werden sie mich auch dann noch akzeptieren, wenn ich plötzlich anders bin?
Immer wieder weise ich darauf hin, dass die wichtigste Triebfeder für menschliches Verhalten und damit auch die Grundlage von Macht allein die Suche nach Zuwendung ist. Dahinter steht jenes Naturgesetz, nachdem ein neugeborenes Wesen nicht überleben könnte, würde es nicht umgehend nach Zuwendung suchen.
Und obwohl wir mit zunehmendem Alter durchaus in der Lage sind, das Leben alleine zu meistern, begleitet uns die angeborene Angst, wir könnten Freunde und damit Zuwendung verlieren, oft bis zum Ende. Folglich verlieren viele von uns statt Freunden lieber Lebensqualität. Aus meiner Sicht ein schlechter Tausch.

Wie bitte kann jemand, der mich nicht so akzeptiert, wie ich sein möchte, ein Freund sein?

Schreiben Sie bitte die drei letzten Situationen in Ihr Heft, in denen Sie von einer für Sie wichtigen Veränderung Abstand genommen haben aus Angst, andere könnten sich deswegen von Ihnen abwenden.

Ein Tiger tut niemals etwas, um anderen zu gefallen.

3. Überwinde Verlustangst

»Nur Hunde haben Besitzer«, schreibt der Kabarettist Ralf Schmitz, »Katzen haben Personal.« Tun Sie es ihm gleich.

Vergessen Sie alles, was Ihnen die Kraft raubt, das wirklich Wichtige zu tun.

Konfuzius hat einmal gesagt: »Was du liebst, lass frei. Kommt es zurück, gehört es dir für immer.« Mittlerweile beherrscht Verlustangst sogar unsere Fähigkeit, glücklich zu sein. Denn statt sich darüber zu freuen, dass sie Glück haben, überwiegt bei vielen Menschen die Angst, dass das Glück bald wieder weg sein könnte. Daher, so habe ich oft das Gefühl, geht es vielen von uns besser, wenn es ihnen schlechtgeht. Das klingt paradox, ist es aber nicht. Schließlich nimmt Ihnen niemand Ihr Unglück oder ein schlechtes Gefühl weg: Das neidet Ihnen keiner.

Der Schriftsteller Anthony de Mello erzählt, dass einmal ein Meister im Zugabteil eines Schlafwagens auf dem oberen Bett lag. Er konnte aber nicht einschlafen, weil unter ihm ein anderer Reisender die ganze Zeit stöhnte: »Ach, wie bin ich durstig. Ich bin so durstig … Ach, wie bin ich durstig, so durstig …« Da das Stöhnen kein Ende nahm, kletterte der Meister von seinem Bett herunter, lief bis zum Speisewagen und kaufte dort eine Flasche Wasser. Er kam zurück in das Abteil und reichte es dem durstigen Mitreisenden. »Hier hast du etwas zu trinken.« Der Mitreisende freute sich: »Oh, wunderbar! Gott sei Dank!« Der Meister kletterte wieder hinauf zu seinem Bett und streckte sich zum Schlafen aus. Kaum hatte er die Augen geschlossen, hörte er es von unten stöhnen: »Ach, wie war ich durstig … Ich war ja so durstig …«

3. Überwinde Verlustangst

Was, so frage ich mich oft, fasziniert dermaßen am Leid, dass mancher gar nicht genug davon bekommen kann und mit aller Kraft daran festhält? Und zwar auch in der Vergangenheit?

Dabei kostet uns diese Unfähigkeit, in der Gegenwart zu leben, unglaublich viel Kraft.

Es muss gar nicht immer die Angst vor einer vermeintlich ungewissen Zukunft sein. Auch Erinnerungen an zwar gute, aber längst vergangene Zeiten können uns schwächen. Oder aber der Wunsch, etwas Unabänderliches zu verändern. Wenn Buddha sagt, dass alles Leid durch Gier entsteht, denken die meisten wohl ganz automatisch an die Gier nach Materiellem. Doch es gibt auch die Gier danach, etwas zu verändern, das sich nicht ändern lässt. Nehmen wir zum Beispiel an, ich möchte unter keinen Umständen an dem Ort sein, an dem ich mich gerade befinde. Was würde es mir bringen, mit ganzer Kraft meine Situation zu verfluchen? Nichts. In dieser Sekunde bin ich nämlich hier. Ob es mir passt oder nicht. Danach steht es mir frei zu gehen, wohin ich möchte. Es sei denn, ich möchte meine Energie lieber darauf verwenden, über die ungeliebte aktuelle Situation zu klagen.

Die wichtigste Voraussetzung für Glück ist die Bereitschaft, glücklich zu sein.

Das ist weniger banal, als es jetzt vielleicht klingt. Selbst wenn wir tatsächlich nicht immer glücklich sein können, bin ich der festen Überzeugung, dass es uns in jedem

3. Überwinde Verlustangst

Augenblick unseres Lebens gutgehen kann, solange wir es nur zulassen.

Verlustangst kostet aber auch in viel weniger offensichtlichen Lebensbereichen eine Menge Kraft. Überlegen Sie einmal, welche Angst ein drohender Kontrollverlust auslösen kann. Wahrscheinlich fürchten sich deshalb so viele Reisende vor Turbulenzen beim Fliegen, wenn diese das Flugzeug so richtig durchschütteln, die keinerlei Angst haben, mit dem Auto über eine unebene Straße zu fahren. Der Effekt ist in beiden Fällen der gleiche. Nur ist er beim Autofahren vorhersehbar, zumal wenn man selbst am Steuer sitzt.

Warum überhaupt haben Menschen so viel mehr Angst, bei einem Flugzeugabsturz zu sterben, als bei einem Autounfall ums Leben zu kommen? Weil sie im Auto eben bis zum Schluss die Illusion der Kontrolle aufrechterhalten können. Denn genau genommen müsste die Angst, auf der Landstraße frontal mit einem dieser rücksichtslosen Überholer zusammenzustoßen, ja mindestens genauso groß sein wie die Angst vor einem Totalausfall aller Triebwerke. Ich möchte damit nicht sagen, dass Sie sich ab jetzt beim Autofahren fürchten sollen. Ganz im Gegenteil:

Sparen Sie sich die Energie, und vertrauen Sie auch in allen anderen Situationen darauf, dass diese gut ausgehen werden.

Der ägyptische Sufi-Heilige Dhul-Nun erzählte seinen Schülern einmal folgende Geschichte: Man bot einem berühmten Weisen eine Geldsumme als großzügiges Geschenk an. Der alte Weise aber sagte: »Ich brauche Euer Geld nicht. Ich habe doch selbst schon eine Münze.« Die an-

deren schauten erschrocken und betroffen. Einer von ihnen sagte dann: »Aber Herr, die Münze ist doch nicht viel wert? Wie lange soll sie vorhalten?« Der Alte sprach: »Wenn du mir garantieren kannst, dass ich länger lebe, als meine Münze vorhält, so will ich dein Geschenk annehmen.«
Eigenwillige Entscheidung, mögen Sie jetzt denken. Tatsächlich scheint die Entscheidung des Weisen, das angebotene Geld abzulehnen, zumindest auf den ersten Blick falsch zu sein. Erst beim zweiten Hinschauen ist zu erkennen, dass er wie ein Tiger handelt.

Denn auch materieller Besitz, so angenehm und verlockend er erscheinen mag, hat einen gravierenden Nachteil. Wir müssen sehr viel Energie aufwenden, um ihn nicht wieder zu verlieren.

Nehmen Sie als Beispiel die Frage, ob Blumen auf einer Wiese oder bei Ihnen zu Hause auf dem Tisch stehen. Schön sind sie da wie dort. Der Unterschied besteht darin, dass sie auf der Wiese nicht gestohlen werden können und Sie sich um genau diesen Umstand keine Sorgen machen müssen.
Tiger haben wie alle anderen Wesen der Natur – mit Ausnahme des Menschen – gelernt, sich immer nur so viel zu nehmen, wie sie gerade brauchen, und alles andere dort zurückzulassen, wo sie es gefunden haben. Nichts, rein gar nichts, soll die Unbeschwertheit ihres Lebens stören.
Auf einem Rundgang durch seine Hauptstadt, so erzählt der Mystiker Osho in einem seiner Vorträge, begegnete ein König einem Bettler. »Wenn du mir etwas geben willst«, sagte der Bettler zum König, »dann musst du dich an meine Bedingung halten.« Der König war verblüfft. Er kannte

3. Überwinde Verlustangst

viele Bettler, aber einer, der ihm Bedingungen stellen wollte, war ihm noch nie begegnet. Er schaute dem Mann in die Augen und spürte, dass er eine starke Ausstrahlung hatte. Merkwürdig! Dieser Bettler hatte Power und Charisma. Tatsächlich war der Bettler gar kein Bettler, sondern ein Sufi-Mystiker, aber das ahnte der König nicht. »Was meinst du mit ›Bedingungen‹?«, fragte der König, und der Bettler antwortete: »Ich nehme dein Almosen nur an, wenn es dir gelingt, meinen Bettelnapf bis zum Rand zu füllen.« Der König glaubte, sich verhört zu haben. Der Bettelnapf war klein. Wollte sich der Bettler über ihn lustig machen? »Wie kommst du denn auf die Idee, dass ich deinen kleinen dreckigen Bettelnapf nicht voll machen kann«, fragte der König scharf. »Ich bin doch kein Bettler, so wie du!« Der Bettler lächelte und sagte: »Es ist besser, ich warne dich, bevor du es versuchst und vielleicht Probleme bekommst.« Was zum Teufel bildete sich dieser Bettler ein? Der König war neugierig und wütend geworden. Er befahl seinem Wesir: »Mach diesen Bettelnapf voll!« Der Wesir eilte in den Palast, kehrte nach ein paar Minuten mit einer Tasche voller Edelsteine zurück und warf sie in den Bettelnapf. Da passierte etwas Merkwürdiges: Die Edelsteine verschwanden in dem Bettelnapf so schnell, wie der Wesir sie hineinwarf! »Weiter!«, rief der König. »Mehr!« Er war außer sich vor Staunen und Wut. Er wollte um keinen Preis der Welt nachgeben und dem Bettler einen Triumph gönnen. Der Wesir eilte in den Palast zurück und holte mehr Edelsteine. Aber auch sie verschwanden in dem Napf des Bettlers. Jetzt verlor der König den Verstand. Er war bereit, sein ganzes Königreich aufs Spiel zu setzen. Der Bettler durfte einfach nicht gewinnen! »Mehr!«, schrie er, und der Wesir eilte davon und holte mehr Edelsteine, immer mehr, bis die Schatzkammer leer war. So verschwand das ganze Vermögen des Königs, ja der ganze Staatsschatz in dem kleinen Bettelnapf. Und am Ende war der König genauso arm wie der Bettler. Jetzt endlich kam der König wieder zur Vernunft. Er verbeugte sich vor dem Bettler. »Ich habe dich beleidigt«, sagte er. »Bitte vergib mir. Und bevor du gehst, verrate mir bitte das Geheimnis deines Bettelnapfes. Wie kommt es, dass alle meine Schätze in ihm verschwunden sind?« Der Bettler lachte und sagte: »Ich habe den Napf aus dem gleichen Stoff gemacht, aus dem das menschliche Ego gemacht ist. Das Ego kann nie genug kriegen. Was immer du ihm gibst – es verschwindet. Es ist nie erfüllt.«

Tatsächlich ist es eine erstaunliche Wahrheit, dass wir nie genug bekommen können.

Sobald wir meinen, es gebe noch mehr von etwas zu holen, wollen wir es auch haben. Tatsache ist aber, dass uns auch jede Form materieller Gier schwächt. Sie bewirkt nämlich, dass wir ständig auf der Suche sind und nie zufrieden sein können.

Etwas haben zu wollen, aber nicht haben zu können, lässt uns leiden.

Genau genommen ist das unnötig.

Denn wie wahre Kraft kommt auch wahrer Reichtum ausschließlich von innen. Nicht was wir haben, zählt am Ende, sondern alleine, was wir sind.

3. Überwinde Verlustangst

Nicht der Besitz einer Tonne Gold macht uns reich, sondern die Fähigkeit, andere glücklich zu machen.

Ein Meister, so erzählt man sich in Shaolin, reiste durch die Berge. Eines Tages fand er in einem Bachlauf einen sehr wertvollen Stein. Am nächsten Tag begegnete er einem Wanderer. Da der Mann hungrig war, öffnete der Meister seine Tasche, um mit ihm sein Brot zu teilen. Da sah der Wanderer einen wundervollen Stein in der Tasche. »Gib mir den Stein«, sagte er. Der Meister reichte dem Mann ohne Zögern den Stein. Der machte sich schnell davon, denn ihm war klar, dass der Stein ungeheuer wertvoll war und dass er nun den Rest seines Lebens sorgenfrei verbringen konnte. Einige Tage später kam er jedoch zurück und gab dem Meister den Stein wieder. »Ich habe nachgedacht«, sagte er. »Ich weiß, wie wertvoll dieser Stein ist. Aber ich gebe ihn dir zurück. Das tue ich in der Hoffnung, dass du mir etwas viel Wertvolleres dafür schenken kannst. Bitte gib mir etwas von dem, was es dir möglich machte, mir diesen Stein zu schenken.«

Glauben Sie mir, es gibt nichts im Leben, das es wert wäre, sich daran zu klammern. Überwinden Sie die Verlustangst, und sparen Sie Ihre Kraft. Selbst das Größte und das Beste besteht nämlich nur seine Zeit und geht dann vorüber.

ÜBUNGEN

Die folgenden Fragen sollen Ihnen helfen, sich mit Ihrer Verlustangst auseinanderzusetzen.

Was macht eine Sache für Sie wertvoll?
....

Welchen Preis bezahlen Sie für Ihren Besitz?
....

Was ist für Sie ein Freund?
....

Wann sind Sie das letzte Mal mit halb leerem Koffer verreist?
....

An was halten Sie fest, nur um weiterhin darüber klagen zu können?
....

Wie viel Geld braucht ein Tiger zum Überleben?
....

*Allen zu gefallen
ist unmöglich.*
　　　(aus Deutschland)

4. Sei dir selbst König

Lege Wert auf gute Gesellschaft.
Auch wenn du alleine bist.

(aus Asien)

Lerne, dass andere Menschen dir genau den Wert zugestehen, den du selbst dir gibst

Seit vielen Jahren kennt man in der Medizin ein als »Placebo-Effekt« bezeichnetes Phänomen. Vereinfacht gesagt, aktiviert hierbei die Gabe medizinisch nutzloser Substanzen wie Salzwasser plötzlich ungeahnte Heilkräfte bei den Erkrankten. Selbst Patienten, bei denen eine klassische Behandlung keine Wirkung zeigt, erfahren innerhalb kürzester Zeit eine merkliche Linderung ihrer Beschwerden. Genau genommen ist dieser Effekt ein wunderbarer Beweis dafür, dass Menschen schier unglaubliche Kräfte entwickeln können, wenn sie nur an etwas glauben, weil alle Kraft von innen kommt. Schließlich geht die Heilung nicht von der eigentlich wirkungslosen Medizin aus, sondern von der Bereitschaft der Betroffenen, gesund zu werden. Die Kranken schöpfen ihre Kraft alleine aus der Tatsache, dass ein Fachmann ihnen bei der Einnahme des Mittels Besserung in Aussicht stellt. Folgerichtig verstärkt sich die Wirkung der Scheinmedikamente mit der Position der Person, die sie verordnet. So ist erwiesenermaßen die Vorstellung, das Medikament sei an einer renommierten amerikanischen Universität entwickelt worden, der Heilung besonders zuträglich. Mich erstaunt dabei weniger die Tatsache, dass alleine der Glaube an Heilung zur Heilung führen kann. Viel mehr verwundert mich der Gedanke, dass die Wirkung dieser vermeintlichen Medizin offensichtlich stark von der Frage abhängt, wer genau den Heilungsprozess in Aussicht stellt.

Stellen Sie sich bitte einmal vor, Sie litten an einer nicht genauer diagnostizierbaren Krankheit, deren vorrangiges Symptom starke Kopfschmerzen sind. Da alle Untersuchungen ergeben haben, dass Sie körperlich gesund sind, wird eine medikamentöse Therapie in Betracht gezogen. Ihr Bettnachbar auf der Station, ein pensionierter Landwirt, erzählt Ihnen, er habe bei ganz ähnlichen Beschwerden sehr gute Erfahrungen damit gemacht, reines Wasser zu trinken. Ihr behandelnder Arzt hingegen, Prof. Dr. Dr. Alfred Obermann, empfiehlt die Einnahme von Hydromex Forte 500. Mit diesem völlig neuartigen Medikament (100 ml enthalten laut Beipacktext 100 ml gereinigtes Dihydrogenmonoxid), hätten in den ersten Wochen nach seiner Marktzulassung bereits Tausende Patienten beste Erfahrungen gemacht.

Ganz spontan: Bei welchem Medikament erwarten Sie die bessere Wirkung? Schreiben Sie eine ehrliche Antwort in Ihr Heft.

Was aber wäre, wenn Ihr Bettnachbar Ihnen zu Hydromex riete, der Arzt aber zu reinem Wasser? Ändert das etwas in Bezug auf Ihre Einschätzung, welche der beiden Behandlungsmethoden Sie eher gesund machen könnte? Warum? Notieren Sie bitte auch diese Antwort.

Verstehen Sie mich recht. Es geht in diesem Fall nicht um die Frage, wer besser einschätzen kann, welches Medikament Ihrer Gesundheit eher förderlich ist. Da es sich in beiden Fällen um reines Wasser handelt, wäre eine allfällige heilende Wirkung ohnehin allein Ihrer inneren Kraft zuzuschreiben.

Die Frage ist vielmehr, wem Sie die Macht geben, darüber zu entscheiden, ob Sie gesund werden.

Gehen wir noch einen Schritt weiter. Lassen Sie Landwirt und Arzt beiseite, und versuchen Sie sich vorzustellen, Sie wollten sich selbst von der heilenden Kraft des Wassers überzeugen. Sie fordern sich also auf, selbst der Experte zu sein, der Ihre Selbstheilungskräfte aktiviert.
Für den wahrscheinlichen Fall, dass Ihnen diese Vorstellung schwerfällt, schreiben Sie bitte auf, warum das so ist. Was hat der Arzt, was Sie nicht haben?
Notieren Sie bitte auch, ob Sie generell dazu neigen, Ideen für besser zu halten, wenn diese von anderen Menschen kommen. So theoretisch sich das Gedankenexperiment, zu dem ich sie gerade aufgefordert habe, auch anhören mag, so gravierend sind die praktischen Auswirkungen auf Ihr Leben.
Verallgemeinert man die Aussage etwas, dann kommt man nämlich plötzlich zu der spannenden Erkenntnis, dass Sie bereitwillig anderen Menschen die Macht und die Möglichkeit einräumen, Ihre innere Kraft nach Belieben ein- und auszuschalten. Die einzige Voraussetzung ist, dass es diesen gelingt, von Ihnen als Experte akzeptiert zu werden.
Interessanterweise zieht sich dieses Muster durch unser ganzes Leben. Seinen Anfang hat es oft bereits in der frühen Kindheit. Die Misere beginnt, wenn wir von klein auf

lernen, für wahr zu nehmen, was andere uns erzählen. Das wäre für sich genommen in Ordnung, jedenfalls solange wir in der Lage sind, gewisse Grenzen zu ziehen. Was aber leider nicht der Fall ist.

Nehmen wir als Beispiel die Frage nach dem Sterbedatum Julius Caesars. Sehr wahrscheinlich haben auch Sie die »Iden des März 44 v. Chr.« als Datum gelernt. Schließlich wurde es von Generation zu Generation so weitergegeben. Obwohl niemand es genau wissen kann, halten Sie die Antwort für genauso wahr, als wären Sie damals dabei gewesen. Schließlich haben Sie die Information von Menschen, denen Sie die Macht zugestehen, Ihre Wirklichkeit zu gestalten.

Auf diese Weise haben Sie bereits sehr früh gelernt, nicht zwischen Meinungen, Ideen und Tatsachen zu unterscheiden, sondern im Gegenteil Behauptungen als gegebene Tatsachen zu akzeptieren, solange diese nur von bestimmten Autoritäten kommen.

Diese Autoritäten wechseln jedoch. Das beste Beispiel dafür sind unterschiedliche kulturelle Hintergründe. Ist Ihnen schon einmal die Frage in den Sinn gekommen, ob Caesar überhaupt je gelebt hat? Auch hinter unserem Schmunzeln über Hindu-Götter, die mit vier statt zwei Armen ausgestattet sind, steht der gleiche Mechanismus. Komische Vorstellungen haben die dort, oder? Wieso bitte sollte jemand vier Arme haben?

Im Laufe unseres Lebens überlassen wir die Gestaltung unserer Wirklichkeit immer mehr äußeren Faktoren. Steht beispielsweise etwas in der Zeitung, wird es automatisch zur Tatsache. Wir sagen nicht »Ich habe in der Zeitung gelesen, dass der und der dieses und jenes getan hat«, sondern erzählen vielmehr aufgeregt: »Hast du schon gehört? Der Soundso hat das und das gemacht!« Wenn etwas in der Zeitung oder auf einem Online-Portal steht, dann muss es stimmen. Dieser Glaube ist heute jedenfalls weit verbreitet.

Wir übernehmen Informationen als Tatsachen, weil wir bereits als Kinder dazu erzogen werden, uns unsere Meinung nicht selbst zu bilden, sondern von Autoritäten für uns bilden zu lassen.

Die wissen schließlich, was für uns gut ist. Die Fülle von Experten im Fernsehen wäre ein anderes Beispiel.
Und nun legen wir dieses Verhalten auch dort an den Tag, wo es um uns selbst geht.

Wir geben Außenstehenden die Macht, unsere innere Kraft nach Belieben zu aktivieren oder zu deaktivieren.

Damit übertragen wir ihnen jedoch bereitwillig die Kontrolle über unser Wohlbefinden. Das schließt sogar die Frage ein, welche der in uns vorhandenen Fähigkeiten wir uns selbst zugestehen!
So sind wir beispielsweise erst dann bereit zu glauben, dass wir etwas gut können, wenn auch andere Menschen es uns bestätigen. Wieso aber reicht hier unser eigenes Gefühl nicht aus? Schreiben Sie bitte Ihre fünf wichtigsten Meinungen über sich in Ihr Heft, die ausschließlich auf den Aussagen anderer Menschen basieren. Notieren Sie dazu, wie Sie selbst sich in diesem Punkt einschätzen. Warum ist Ihnen welche Meinung wichtiger?
Es spricht übrigens nicht grundsätzlich etwas dagegen,

durch Nachahmung oder Übernahme zu lernen. Das tun Tiger auch. Aber kein Tier dieser Erde käme auf die Idee, eine unwirksame Jagdtechnik beizubehalten, nur weil sie ihm von der Mutter oder einem wichtigen Lehrer gezeigt worden ist.

In Shaolin leben die Mönche bis heute nach diesem Ausspruch Buddhas: »Glaubt nicht dem Hörensagen und heiligen Überlieferungen, nicht Vermutungen oder eingewurzelten Anschauungen, auch nicht den Worten eines verehrten Meisters; sondern was ihr selbst gründlich geprüft und als euch selbst und anderen zum Wohle dienend erkannt habt, das nehmt an.«

Für uns bedeutet das, alles Gelernte nach ebendiesen Kriterien zu überprüfen.

Alles, was einer Überprüfung nicht standhält, sollte schnellstmöglich wieder aus unserem Kopf entfernt werden.

Ein Vorgang, der Ihnen möglichst vor jeder auf vermeintlichen Tatsachen beruhenden Entscheidung zur Gewohnheit werden sollte.

In einem seiner Bücher erzählt der Autor Nossrat Peseschkian die Geschichte von einem Vater, der mit seinem Sohn und einem Esel in der Mittagsglut durch die staubigen Gassen von Kesha zog. Der Vater saß auf dem Esel, den der Junge führte. »Der arme Junge«, sagte da ein Vorübergehender. »Seine kurzen Beinchen versuchen mit dem Tempo des Esels Schritt zu halten. Wie kann man so faul auf dem Esel herumsitzen, wenn man sieht, dass das kleine Kind sich müde läuft.« Der Vater nahm sich dies zu Herzen, stieg hinter der nächsten Ecke ab und ließ den Jungen aufsitzen. Gar nicht lange dauerte es, da erhob schon wieder ein Vorübergehender seine Stimme: »So eine Unverschämtheit. Sitzt doch der kleine Bengel wie ein Sultan auf dem Esel, während sein armer, alter Vater nebenherläuft.« Dies schmerzte den Jungen, und er bat den Vater, sich hinter ihn auf den Esel zu setzen. »Hat man so etwas schon gesehen?«, keifte eine verschleierte Frau, »solche Tierquälerei! Dem armen Esel hängt der Rücken durch, und der alte und der junge Nichtsnutz ruhen sich auf ihm aus, als wäre er ein Diwan, die arme Kreatur!« Die Gescholtenen schauten sich an und stiegen beide, ohne ein Wort zu sagen, vom Esel. Kaum waren sie wenige Schritte neben dem Tier hergegangen, machte sich ein Fremder über sie lustig: »So dumm möchte ich nicht sein. Wozu führt ihr denn den Esel spazieren, wenn er nichts leistet, euch keinen Nutzen bringt und noch nicht einmal einen von euch trägt?« Der Vater schob dem Esel eine Handvoll Stroh ins Maul und legte seine Hand auf die Schulter seines Sohnes. »Gleichgültig, was wir machen«, sagte er, »es findet sich doch immer jemand, der damit nicht einverstanden ist. Ich glaube, wir müssen selbst wissen, was wir für richtig halten.«

Wie sieht das bei Ihnen aus? Wer weiß bei Ihnen, was Sie für richtig halten? Nachdem Sie die Antwort in Ihr Heft geschrieben haben, überlegen Sie bitte, warum dem so ist.

Meiner Meinung nach hat unser Verhalten zwei Hauptursachen. Einerseits gibt es da in uns Menschen offensichtlich den unbedingten Drang, den anderen Herdenmitgliedern zu gefallen. Dadurch glauben wir, verhindern zu können, aus der vermeintlich schützenden Herde ausgeschlossen zu werden. Vermeintlich deshalb, weil ich persönlich in menschlichen Gesellschaften mehr Verhinderungs- als Schutzpotenzial erkenne. Solange wir nicht tatsächlich von einem anderen Menschen abhängig sind, gibt es keinen Grund, diesem gefallen zu wollen, wenn es uns selbst nicht gefällt. Lassen Sie so etwas bleiben. Wenn jemand nicht möchte, dass Sie ihm gefallen, können Sie ohnehin tun, was Sie wollen. Es wird ihm nicht passen, weil es ihm nicht passen soll.

Sind aber nicht einmal wir selbst bereit oder in der Lage, gut zu finden, was wir tun, wie sollte es dann jemand anders können?

Wenn Sie sich nicht einmal selbst König sind, wie wollen Sie es dann für jemand anders sein?
Wer in seinem Leben bestehen oder gar andere Menschen führen möchte, muss jenen, die ihm folgen, das Gefühl geben, dass sie damit auf der sicheren Seite sind. Um aber Sicherheit auszustrahlen, muss man diese zuerst einmal in sich tragen. Nur wenn wir selbst von uns überzeugt sind, können wir diese Selbstsicherheit auch auf andere übertragen.
Gleichzeitig aber hat unsere Unentschlossenheit, uns selbst gut zu finden, noch eine zweite Ursache: Es ist der Unwille, Verantwortung für unser Handeln zu übernehmen. Genau das aber ist es, was uns so ungeheuer anfällig macht für Zweifel, die uns am Ende viel Kraft kosten.

Dabei sind Zweifel an sich ja gar nicht so schlecht. Solange man mit ihnen umzugehen weiß und nicht versucht, sie zu bekämpfen.

Dann gelten sie den Asiaten als »das Wartezimmer zur Erkenntnis«.

Viele von uns denken jedoch, wenn sie sich nur lange genug mit ihren Möglichkeiten und ihrer inneren Kraft beschäftigen, würden diese bösen Stimmen in ihrem Kopf im Laufe der Zeit von allein verstummen. Schließlich sehen wir jeden Tag, dass es doch auch andere schaffen, ihre Zweifel verschwinden zu lassen. Verabschieden Sie sich von dieser Idee. Ganz von allein geht nichts in unserem Leben.

Selbsterkenntnis ist nicht das Gegenstück zu Selbstbewusstsein, und Ihre Zweifel sind keine Feinde. Ganz im Gegenteil.

Für mich ist die Gabe, zu zweifeln und vermeintliche Gegebenheiten in Frage stellen und überdenken zu können, ein Privileg. Mir wäre der Gedanke unerträglich, nicht über diese Fähigkeit zu verfügen. Wichtig dabei ist allerdings auch die Fähigkeit, daran zu glauben, dass die Zweifel irgendwann aufhören.

Meiner Meinung nach schaffen es nicht jene an die Spitze, die sich ganz automatisch für die Besten halten, sondern diejenigen, die gelernt haben, mit ihren Zweifeln und Ängsten umzugehen.

Nehmen Sie bitte Ihr Heft, und notieren Sie drei Personen aus Ihrem Bekanntenkreis, von denen Sie denken, dass sie über alle Zweifel erhaben sind. Sobald Sie einem dieser Menschen das nächste Mal begegnen, sprechen Sie ihn auf Ängste und Zweifel an. Die Antworten werden Sie erstaunen.

Ich werde beispielsweise immer wieder gefragt, ob es mich denn nicht nervös mache, vor mehreren hundert Menschen zu sprechen. Gegenfrage: Macht es Sie nervös, wenn Sie in der Früh zu Ihrem Arbeitsplatz gehen und dort den Com-

puter einschalten? Wohl kaum. Warum sollte das ausgerechnet bei mir anders sein?
Routine macht jedoch nicht automatisch gegen Zweifel immun. Es gibt aber gerade in meinem Beruf als Redner zwei sehr wichtige Gründe, zu lernen, mit Zweifeln umzugehen. Der eine Grund: Man kann es ohnehin nicht allen recht machen. Wenn Sie vor tausend Menschen sprechen, so sagt schon die Statistik, dass mindestens fünf Personen im Raum sein werden, denen Ihr Vortrag nicht gefällt, noch bevor Sie überhaupt ein Wort über die Lippen gebracht haben. Zum anderen aber hätte der Wunsch, unbedingt allen Zuhörern gefallen zu wollen, eine unangenehme Nebenwirkung. Man konzentriert sich dann nämlich nicht mehr auf jene, die aufmerksam zuhören. Vielmehr sieht man ausschließlich den Herrn in der dritten Reihe, der demonstrativ gelangweilt mit seinem Telefon spielt. Warum, so schießt es einem sofort durch den Kopf, hört der nicht zu? Ich mache offensichtlich etwas falsch! Und ehe man sich dessen bewusst ist, hat man schon einen Vortrag abgeändert, der allen anderen Zuhörern gefallen hätte!
Ich persönlich gehe mit dieser Problematik so um, dass ich versuche, bei jedem Vortrag mein Bestes zu geben. Dabei belasse ich es. Das schützt mich vor Fehlern, und mehr kann ich ohnehin nicht tun.

Geben auch Sie einfach Ihr Bestes, das ist dann gut genug.

Lassen Sie mich noch an einem anderen Beispiel zeigen, warum die Idee, es allen anderen recht machen zu wollen, uns selbst den größten Schaden zufügt. Stellen Sie sich vor, Sie möchten eine Fremdsprache lernen. Sie haben schon zu

Hause mit dem Lernen begonnen und tatsächlich kleine Fortschritte gemacht. Nun fahren Sie in das Land, in dem die Sprache gesprochen wird, um sie dort zu üben. Doch bereits als Sie den ersten Einheimischen ansprechen, stellen Sie fest, dass Sie nur stammeln. Plötzlich überkommt Sie das Gefühl, dass Ihr Gegenüber sich langweilt. Nach kurzer Zeit stellen Sie erfreut fest, dass eine Konversation auf Englisch auch möglich ist. Sie tauschen sich viel schneller und flüssiger aus, und Sie haben nicht mehr das Gefühl, Ihrem Gesprächspartner die Zeit zu stehlen. Folglich bleiben Sie auch während des restlichen Aufenthalts dabei.
Waren Sie nicht eigentlich hingefahren, um eine neue Sprache zu üben? Ich darf Sie noch einmal erinnern:

Wenn Sie Ihre innere Kraft nutzen wollen, kümmern Sie sich zuerst einmal ganz bewusst um sich selbst.

An meinem konkreten Beispiel festgemacht: Vertrauen Sie darauf, dass Ihr Gegenüber ein erwachsener Mensch ist, der jederzeit für sich selbst entscheiden kann, wann ihm ein Gespräch zu langweilig wird. Achten Sie einfach darauf, ob er Ihnen zuhört. Solange das der Fall ist, können Sie weiter radebrechen. Sollte er wirklich die Konversation beenden, nehmen Sie es wie ein Erwachsener und plaudern Sie mit dem Nächsten.
Notieren Sie bitte in Ihrem Heft die letzten drei Gelegenheiten, bei denen Sie sich selbst unnötigen Schaden zugefügt haben, nur um anderen etwas vermeintlich recht zu machen.

Alle Kraft muss von innen kommen. Das ist das Gesetz der Natur.

4. Sei dir selbst König

Genau genommen ist das eine geniale Idee, denn ohne sie könnte ein Tiger wohl nicht überleben. Stellen Sie sich nur vor, er wäre wie die meisten Menschen von äußerer Zustimmung abhängig! Da er über keine Sprache und daher auch über keinen Zugang zu einem Wertesystem verfügt, woher sollten Anerkennung und Lob bei ihm kommen? Wäre der Tiger nicht in der Lage, seine innere Kraft selbst zu aktivieren, wie könnten es andere für ihn tun?

Dass wir Menschen uns von anderen beeinflussen lassen können, bedeutet aber noch lange nicht, dass wir es auch tun müssen.

Uns stehen vielmehr die gleichen Möglichkeiten offen wie allen anderen Tieren auch: Wir können in unser Innerstes schauen. Und wir können nutzen, was wir dort vorfinden. Das muss kein anderer richtig finden. Und niemand muss genauso empfinden.

Was in Ihnen steckt, wissen nämlich ganz allein Sie.

Erstaunlicherweise sind aber gerade die eigenen Fähigkeiten ein Thema, bei dem wir lieber auf fremde Meinungen vertrauen als auf uns. Stellen Sie sich einmal vor, Sie hätten einen Brief geschrieben und diesen in einen Umschlag gesteckt und zugeklebt. Nun kommt ein guter Freund vorbei und behauptet, besser als Sie selbst zu wissen, was in dem Brief steht. Schreiben Sie bitte auf, wie Sie reagieren.

Was aber, wenn nun der gleiche Freund behauptet, besser zu wissen als Sie selbst, was in Ihnen steckt? Wie reagieren Sie? Notieren Sie auch diese Antwort und schreiben Sie kurz darunter, ob und warum Ihre Reaktion unterschiedlich ausgefallen ist.

Wollen Sie sich selbst König sein, dann müssen Sie zuerst einmal wissen, was genau einen König ausmacht.

Zeichnen Sie bitte in Ihrem Heft auf einer neuen Seite zwei Spalten. In die erste Spalte schreiben Sie untereinander fünf Eigenschaften, über die Sie sehr gerne verfügen würden. Wenn Sie das gemacht haben, stellen Sie sich vor, Sie wären sich gestern Abend selbst zum ersten Mal begegnet. Ohne irgendwelche Erwartungen, haben Sie sich als Ihr Gegenüber beobachtet und werden nun gebeten, diese Person völlig wertfrei zu beschreiben. Notieren Sie auch für diese »fremde« Person fünf Eigenschaften. Decken Sie dafür die linke Spalte ab und schreiben Sie in die rechte, was Sie bei der Begegnung an Ihrer neuen Bekanntschaft besonders beeindruckt hat. Notieren Sie Ihre Eindrücke untereinander in fünf respektvollen Stichworten. Denken Sie daran, dass Sie hier eine fremde Person beschreiben, von der Sie durchaus begeistert sein dürfen. Fertig? Dann vergleichen Sie die Einträge in den beiden Spalten und unterstreichen, was Sie bei dieser Begegnung mit sich selbst an sich neu entdeckt haben. Erstaunlich, oder? Wann immer Sie ab jetzt Zeit und Lust haben, vervollständigen Sie diese Liste und vergessen Sie nicht, regelmäßig daran zu denken, wie gut es eigentlich ist, dass Sie genauso sind, wie Sie sind.
Gerade das Gute ist nämlich interessanterweise etwas, das uns viel zu selten in den Kopf kommt. Lassen Sie mich kurz an einem Beispiel zeigen, was ich meine. Betrachten Sie einmal die folgenden vier einfachen Rechnungen: $19 + 7 = 26$,

28 + 27 = 55, 12 + 6 = 19, 34 + 19 = 53. Bevor Sie jetzt weiterlesen, notieren Sie bitte, was Ihnen auffällt. Erledigt? Dann behaupte ich einmal, dass in Ihrem Heft etwas in der Art steht wie »Eine Rechnung ist falsch«. Was ja durchaus den Tatsachen entspricht. Zwölf und sechs ergibt schließlich 18. Sie hätten aber andererseits auch vermerken können, dass drei Rechnungen richtig sind. Schließlich stimmt das ja genauso. Warum aber kommen nur die wenigsten auf die Idee, eine Sache von dieser Seite aus zu betrachten?

Warum nehmen wir automatisch das Richtige als selbstverständlich und das Falsche als Problem wahr?

Wo bleibt die Freude über das, was gelungen ist?
Wie mit den Rechnungen gehen die meisten Menschen auch mit sich selbst um: Sie schauen immer nur auf das, was nicht passt, und nehmen alles andere als selbstverständlich an. Ich denke, das ist genau der falsche Weg.

Bevor wir tadeln, müssen wir zuerst einmal fähig sein zu loben!

Das gilt für Menschen in unserem Umfeld im Allgemeinen, für uns selbst aber im Besonderen. Andernfalls richten wir nämlich immer nur den Blick auf mögliche Fehler und geraten in die Versuchung, auch dort verbessern zu wollen, wo es viel wichtiger wäre, das vorhandene Potenzial zu nutzen.
Selbst der Tiger ist bei genauem Hinsehen nicht perfekt. Er ist kein guter Kletterer, kann nicht fliegen und hat Angst vor Elefanten. Statt ständig zu bedauern, was er denn alles nicht kann, nutzt er einfach das viele, das in ihm steckt.

Kein Tier käme auf die Idee, an den eigenen Fähigkeiten zu zweifeln. Warum zweifeln Sie? Schreiben Sie es bitte auf.

Wer mehr auf die Meinung anderer Menschen gibt als auf die eigene, kann sich damit vieles zerstören.

Ich erinnere mich noch gut, dass ich vor einiger Zeit ein wunderbares Buch zum Thema »Marken-Positionierung« gelesen habe. In einem der Kapitel ging es um die Wichtigkeit eines guten Markennamens. Nach einer kurzen Einleitung folgte eine lange Liste, was man bei der Namenswahl alles falsch machen könne und warum die meisten Markennamen einfach schlecht seien. Sofort begann ich zu überlegen, was genau an der Marke »brainworx« schlecht sein könnte, der Marke, unter der ich seit über zehn Jahren erfolgreich mein Unternehmen betreibe; ein Markenname, den ich selbst sehr gerne mag. Sooft ich jedoch die Liste auch ansah, keiner der genannten Fehler traf auf diesen Namen zu. Bis ich mich irgendwann zu fragen begann, warum der Firmenname überhaupt schlecht sein müsse? Vielleicht, so dämmerte es mir plötzlich, habe ich selbst ja auch gute Ideen, und der Grund, warum ich keinen Fehler finde, ist einfach, dass es keinen gibt!

Es geht aber noch schlimmer. In manchen Fällen führt allein der Gedanke, andere Menschen müssten unsere Ideen genauso bejubeln wie wir selbst, dazu, dass wir sehr gute Einfälle verwerfen.

Versetzen Sie sich einmal in die folgende Situation: Sie stehen einem Unternehmen vor, dem es gerade wirtschaftlich schlechtgeht. Nach vielen Wochen des Überlegens kommt

4. Sei dir selbst König

Ihnen die zündende Idee. Genau so wird es funktionieren! Voller Begeisterung laufen Sie zu einem der Angestellten, um ihm den großartigen Einfall mitzuteilen. Der hört sich die Idee an und meint lapidar: »Na ja, wenn du meinst. Probieren wir es, und dann sehen wir ohnehin, ob es etwas bringt.« Schon ist die Luft raus. Verstehen Sie, worauf ich hinauswill?

Am Ende werden wirklich gute Konzepte nur deshalb verworfen, weil ein anderer nicht begeistert genug reagiert hat.

Immer wieder treffe ich auf Menschen, die gerade eine wirklich gute Leistung abgeliefert haben und das auch ein wenig so zu sehen bereit sind. Doch meist reicht ein kurzes »Wenn du meinst ...«, und sie beginnen zu zweifeln.

Tiger geben nichts auf die Meinung anderer. Das wäre für sie verschwendete Energie.

Vielleicht denken Sie jetzt, es sei überheblich oder arrogant, sich selbst als König zu sehen. Das macht man in unserer Gesellschaft nicht. Das wäre fast so, als würde man sich selbst loben. Und Eigenlob stinkt. Sagt der Volksmund. Mag sein. Warum aber erwarten wir dann, dass andere König werden wollen und auch können? Stellen Sie sich nur einmal vor, alle Menschen dächten wie Sie. Dann gäbe es keine Könige mehr.

Weiter gedacht, würde die berühmte Devise vom stinkenden Eigenlob auch dazu führen, dass wir die Werbung ändern müssten. Bei einer großen, etablierten Automarke könnte das dann folgendermaßen klingen: »Also, eigent-

lich denken wir schon, dass unser neuer XY nicht ganz so schlecht ist. Natürlich ist er nicht der Beste, das sollte man niemals vom eigenen Produkt sagen, aber wir haben uns zumindest Mühe gegeben.« Gefällt Ihnen diese Werbung? Falls nicht, schreiben Sie bitte auf, warum das so ist.
Nehmen wir zum Vergleich den Slogan einer bekannten Zigarettenmarke: »The best Tabacco money can buy. – Der beste Tabak, den Geld kaufen kann.« Besser, nicht wahr? Aber warum?

Weil man sich zuerst einmal selbst König sein muss, bevor man anderen Menschen König sein kann.

Andere, darauf können Sie sich verlassen, werden Sie nicht freiwillig zum König machen.
Eines Tages, so erzählt man sich in Shaolin, fand ein Mann ein Adlerei. Da er die Eltern nicht finden konnte, legte er es in das Nest einer seiner Hennen. Nach einiger Zeit schlüpfte zusammen mit den anderen Küken ein kleiner Adler und wuchs mit den Hühnern auf. Wie diese kratzte er in der Erde nach Würmern und Insekten, gluckte und gackerte und war überzeugt, er wäre eines dieser Küken aus dem Hinterhof. Ab und zu hob er wie seine Artgenossen die Flügel, um ein kleines Stück zu fliegen. Die Jahre vergingen, und der Adler wurde alt. Da sah er eines Tages hoch über sich einen Vogel im wolkenlosen Himmel. Anmutig und hoheitsvoll schwebte er dahin, getragen vom Wind, schlug nur sacht mit seinen kräftigen, goldenen Flügeln. Ehrfürchtig blickte der alte Adler empor. »Wer ist das?«, fragte er seinen Nachbarn. »Das ist der Adler, der König der Vögel!«, antwortete dieser. »Aber du und ich,

4. Sei dir selbst König

wir sind von einer anderen Art.« Manchmal noch dachte der Adler voller Sehnsucht und Bewunderung an diesen prächtigen, majestätischen Vogel. Kurze Zeit später starb er in dem Glauben, selbst ein einfaches Huhn vom Hinterhof zu sein.

Jeder Mensch, so möchte uns diese Geschichte sagen, steht dort, wo er sich selbst hinstellt. Seien Sie sich selbst König, dann werden Sie es auch anderen sein. Und achten Sie immer darauf, sich mit Menschen zu umgeben, die Sie als eben diesen König akzeptieren. Selbst dann, wenn Sie alleine sind.

ÜBUNGEN

Die Beschäftigung mit den folgenden Fragen soll Ihnen helfen, sich selbst als König zu sehen.

Warum darf man einen Tiger töten, eine Katze aber nicht?
....

Machen Sie mit einem einzigen Satz Werbung für sich selbst.
....

Was haben Sie in der letzten Zeit erreicht, von dem Sie gedacht haben, es nicht erreichen zu können?
....

Warum haben Sie das gedacht?
....

Sind sich Herrscher immer sicher, das Richtige zu tun?
....

Was unterscheidet Eigenlob von Werbung?
....

Was macht Sie zum König?
....

*Nicht außerhalb,
nur in sich selbst soll man
den Frieden suchen.
Wer die innere Stille
gefunden hat, der greift
nach nichts, und er
verwirft auch nichts.*
(Buddha)

5. Schone deine Energie

*Handle every situation like a dog. If you can't
eat it or play with it, pee on it and walk away.*
(Verfasser unbekannt)

Lerne zu akzeptieren, dass die Natur die Kraft und Energie ihrer Wesen beschränkt hat

Immer wieder werde ich im Anschluss an einen Vortrag gefragt, warum für mich ausgerechnet der Tiger innere Kraft symbolisiert. Es gibt doch auch noch andere starke Tiere, oder?

Natürlich gibt es stärkere Tiere, nimmt man allein die physische Kraft als Maßstab, so gibt es selbst davon eine große Zahl. Für mich aber ist der Tiger etwas Besonderes. Im Gegensatz zu den meisten starken Tieren ist er kein Herdentier. Daher ist er auch nicht bereit, sich unterzuordnen oder auch nur zu versuchen, es irgendeinem anderen Wesen recht zu machen.

Wir mögen das gut finden oder schlecht:

Ein Tiger lebt alleine für sich.

Denken Sie nur einmal an den Unterschied zwischen einem Hund und einer Katze. Ein Hund kommt, wenn er gerufen wird. Eine Katze erscheint nur, wenn sie dazu Lust hat. Niemals ist ihr wichtig, was andere wollen. Für sie zählt allein der eigene Wille. Niemals würde eine Katze auch nur einen Augenblick ihrer Lebenszeit auf etwas verschwenden, zu dem sie keine Lust hat. Eine Katze, die etwas nicht mehr möchte, lässt es und wendet sich anderen Dingen zu. Nichts kann sie dazu zu bringen, die uninteressant gewordene Tätigkeit fortzusetzen. Wozu auch? Es ist doch ihr Leben!

Meiner Meinung nach sind Tiger Meister darin, ihre Kraft einzuteilen.

Sie sind meisterhaft im Schonen ihres persönlichen Kraftreservoirs. Im Gegensatz zu uns Menschen sind sie in der Lage, ausschließlich das zu tun, was sie für notwendig erachten. Sie handeln aus einer Notwendigkeit heraus, und notwendig ist, was sie ihrem Ziel näherbringt.

So viele Äußerlichkeiten, die für uns zählen, sind für Tiger nichtig.

Wer aber wollte einem Tiger Egoismus vorwerfen? Er tut, was er muss, um zu überleben. Und ist es nicht genau diese Haltung, die Tiger für so viele von uns so faszinierend macht?

Ist es nicht gerade diese Eigenschaft, das Notwendige zu erkennen und zu tun, die Tiger für uns zum Beispiel werden lässt?

Nehmen Sie bitte kurz Ihr Heft zur Hand und notieren Sie die letzten drei Gelegenheiten, bei denen Sie etwas nur getan haben, um nicht das Gesicht zu verlieren. Notieren Sie dann alles, was Sie getan haben, um nicht als Egoist zu gelten.

Dies alles sind Situationen, auf die ein Tiger sich nie eingelassen hätte.

Schreiben Sie bitte jeweils dazu, wie viele Stunden oder Minuten Ihrer Lebenszeit Sie dieses Verhalten gekostet hat und was genau es Ihnen gebracht hat. Gestehen Sie sich auch ein, wenn es gar nichts gebracht hat. Notieren Sie zum Beispiel sinnlose Telefonate, die Sie sich nicht zu beenden getraut haben, und all diese Momente, in den Sie das Gefühl hatten, Lebenszeit zu verschwenden. Machen Sie sich klar, wie viele Jahre Ihres Lebens Sie mit diesem Verhalten verlieren.

Erstaunlicherweise hat die Natur sinnloses Verschwenden von Energie und Kraft nicht einmal vorgesehen.

Nehmen wir als Beispiel eine Herde wilder Pferde. Fühlen sich diese Tiere angegriffen, ergreifen sie umgehend die Flucht. Aber selbst dabei beachten sie die Maßgabe, die vorhandene Körperenergie so sparsam wie möglich einzusetzen. Selbst wenn sie rein körperlich in der Lage wären, stundenlang zu rennen, laufen Pferde immer nur so weit weg, wie es absolut notwendig ist. Schließlich könnte es sich ja auch um einen Fehlalarm handeln. Für so etwas Kraft zu verschwenden kann das Leben kosten.

Umgekehrt sieht es natürlich nicht sehr fleißig aus, nur das absolut Nötige zu tun. Aber das muss es auch nicht. Pferde wollen nicht fleißig aussehen, sondern schlicht und einfach überleben. Und nichts kostet so viel Energie, wie sich in eine Flucht hineinzusteigern, die sich im Nachhinein als überflüssig herausstellt. Denn die dabei verschwendete Energie fehlt in einer wirklichen Notlage.

5. Schone deine Energie

*Ganz grundsätzlich: Es ist nicht immer das Beste,
unter allen Umständen gut auszusehen.*

Einmal, so erzählt man sich in Shaolin, stand auf einem Bergkamm ein alter Baum. Der Baum war alt und krumm, jeder einzelne Ast war gewunden und knorrig. Ein Wanderer, der an dem alten und schiefen Baum vorbeikam, bemerkte Meister Zhuangzi gegenüber, was für ein unnützer Baum das doch sei. Weil der Stamm und die Äste so verwachsen seien, sei der Baum zu nichts zu gebrauchen. Zhuangzi antwortete: »Jeder Baum auf diesem Bergkamm ist sein eigener Feind. Den Zinnbaum kann man essen, deshalb wird er abgehauen. Der Lackbaum ist nützlich, deshalb verstümmeln sie ihn. Jedermann weiß, wie nützlich es ist, nützlich zu sein. Niemand scheint zu wissen, wie nützlich es ist, unnütz zu sein. Denn gerade seine Nutzlosigkeit beschützte den Baum. Niemand wollte ihn zu irgendetwas gebrauchen, so wurde er auch nicht abgehauen und lebte bis ins hohe Alter, seine eigene Natur erfüllend.«
Nicht immer entsteht uns ein direkter Nachteil, wenn wir unsere Ressourcen vergeuden, wie den anderen Bäumen in diesem Beispiel. Es reicht schon, Kraft und Lebenszeit darauf zu verschwenden, jemandem etwas beweisen zu wollen, der das am Ende gar nicht mitbekommt. Bleiben wir beim Beispiel mit den Pferden. Wären die Pferde menschlich, sie würden sofort als zu faul abgestempelt. Denn wer nur das Minimum tut, gilt in unserer Gesellschaft oft als faul.
Allein die Angst, sie könnten beobachtet werden, würde die Pferde beim nächsten Mal anders reagieren lassen. Sie würden bestimmt zumindest die doppelte oder gar dreifache

Strecke laufen. Sollte zufällig jemand anwesend sein, der diese Laufleistung entsprechend würdigt, hätte der Energieeinsatz zumindest diesen Zweck erfüllt. Was aber, wenn nicht?

Bereits vor vielen Jahren hat der amerikanische Tennistrainer Timothy Gallwey eine Theorie aufgestellt, die als das sogenannte »innere Spiel« bekannt geworden ist. Die abrufbare Leistung, so Gallweys Idee, ist das in einem Menschen vorhandene Potenzial, abzüglich seiner sogenannten Störungen. Zu diesen zählt Gallwey alles, was die Leistungsfähigkeit einschränkt wie Selbstzweifel, Selbstbeschränkung, Versagensängste – und natürlich das Verschwenden von Kraft mit der alleinigen Absicht, anderen Menschen etwas zu beweisen.

Tiger kennen diese Einschränkungen nicht, sie sind jederzeit in der Lage, das gesamte in ihnen steckende Potenzial abzurufen.

Wie sieht es bei Ihnen aus? Ist Ihnen bewusst, dass Sie nicht mehr Potenzial, sondern einfach weniger Störungen brauchen?

Machen Sie bitte in Ihrem Heft auf einer neuen Seite zwei Spalten. Über die linke Spalte schreiben Sie das Wort »Tiger« und daneben die Zahl 100, welche 100 Prozent und damit volle Leistung symbolisiert. Rechts davon schreiben Sie »Ich«, gefolgt von der Zahl, die Ihre ehrliche Leistungsfähigkeit repräsentiert. Notieren Sie bitte darunter, welche Störungen verhindern, dass Sie Ihr gesamtes Potenzial ausschöpfen. Schreiben Sie die fünf wichtigsten Punkte untereinander und lassen Sie jeweils etwas Abstand dazwischen. Wenn Sie damit fertig sind, vermerken Sie in der linken

5. Schone deine Energie

Spalte, wie ein Tiger mit Ihren Störungen umginge, so dass diese seine Leistungsfähigkeit nicht beeinträchtigen könnten.

Fast alles, was uns überflüssigerweise Kraft kostet, existiert nur in unserem Kopf.

Daher ist unser Kopf auch der Ort, die Kraftschlucker wieder verschwinden zu lassen.

Selbst Stress und das in späterer Folge fast zwangsläufig damit verbundene Burn-out haben ihre Ursache im falschen Umgang mit den eigenen Ressourcen. Erstaunlicherweise sind diese beiden Ausdrücke, »Stress« und »Burn-out«, schon derart selbstverständlich geworden, dass ich manchmal das Gefühl habe, nicht die Betroffenen seien in der Minderheit, sondern jene, die nicht darunter leiden.

Dabei beschreibt ja gerade das Wort »Burn-out« sehr schön ein Problem, für das die meisten Menschen unter anderen Umständen wohl sehr wenig Verständnis hätten. Nehmen wir es wörtlich, so bedeutet »Burn-out« nichts anderes als den Zustand des völligen Ausgebranntseins.

Wer mit leerem Tank auf der Autobahn steht und verzweifelt Hilfe herbeiwinkt, leidet im Prinzip unter genau diesem Problem. Er hat vergessen, auf die Tankuhr zu schauen. Bis irgendwann der Tank im Wortsinn ausgebrannt war, und nichts mehr ging. Was müsste sich diese arme Person anhören! Jedes Kind, so höre ich die Umstehenden sagen, wisse doch, dass man von Zeit zu Zeit auftanken müsse! Der Betroffene könnte also wohl mit wenig Verständnis rechnen.

Umso erstaunlicher, dass sich das Prinzip der begrenzten Kraftreserven noch nicht bis zum Kopf herumgesprochen hat.

Einen Läufer, der nach einem Jahr pausenlosen Laufens plötzlich zusammenbräche, würde man im besten Fall für verrückt erklären. Ein Büroarbeiter aber, der nach drei Jahren ohne Urlaub und inneres Auftanken plötzlich feststellt, dass nichts mehr geht, der wird sogar versuchen, sich selbst zu motivieren, um die Grenzen seiner Leistungsfähigkeit weiter zu verschieben. Und alle finden das auch noch gut, weil sie selbst genau das Gleiche tun.
Auch wenn ich die Natur und alles, was sie geschaffen hat, für wirklich grandios halte, hat sie bei der Entwicklung des menschlichen Gehirns meiner Meinung nach grob versagt.

Im Gegensatz zum restlichen Körper gibt unser Gehirn keine Warnsignale in Form von Schmerzen ab, wenn es überlastet ist.

Das führt bei vielen Menschen zu dem verhängnisvollen Trugschluss, sie verfügten über unendliche Kapazitäten. Was bekanntermaßen nicht der Fall ist. Wer sein Potenzial vollständig und über Jahre nutzen möchte, sollte es dem Tiger gleichtun und bei der Verwendung seiner Ressourcen darauf achten, nicht einmal in den Reservebereich zu kommen.

Es gibt aber auch noch andere Ressourcen, mit denen Tiger sparsam und Menschen verschwenderisch umgehen. Nehmen wir nur die Lebenszeit. Von klein auf werden wir auf ein sehr eigenartiges Geschäftsmodell vorbereitet: den Tausch von Zeit gegen Geld. Was auf den ersten Blick aus-

5. Schone deine Energie

sieht wie ein logisches, faires Modell, offenbart seine wahre Schwäche erst beim zweiten Hinsehen: Das Geschäft funktioniert nur in die eine Richtung. Sie können also beliebig viel Lebenszeit in Geld umtauschen.

Nur ein Rücktausch, also der Kauf von Zeit, ist leider nicht vorgesehen.

Der Schriftsteller Khalil Gibran hat einmal gesagt: »Sie, die Menschen, halten mich für verrückt, weil ich meine Tage nicht für Gold verkaufen will, und ich halte sie für verrückt, weil sie glauben, meine Tage hätten einen Preis.« Verstehen Sie mich richtig.

Es ist ein Prinzip der Natur, dass wir Zeit aufwenden müssen, um unser Überleben zu sichern.

Das tun Tiger nicht anders, denen das Jagen mit Sicherheit auch nicht immer Freude macht.

Aber im Gegensatz zu uns Menschen wissen sie, wann sie wieder aufhören müssen und wann es an der Zeit ist, das Leben zu genießen.

Genau diese Fähigkeit ist aber vielen Menschen abhandengekommen.
»Wann möchtest du das Geld ausgeben, für das du dein ganzes Leben lang gearbeitet hast?«, fragt man in Asien.

Es geht aber noch schlimmer. Schließlich wird uns unsere Zeit nicht einmal immer abgekauft. Vielmehr haben man-

che Menschen sogar die Chuzpe, sie uns einfach zu stehlen! Zumindest machen es sich viele Menschen so leicht, den Verlust der eigenhändig verschwendeten Lebenszeit auf diese Weise zu rechtfertigen.
Solange wir in uns den Glauben zulassen, jemand anders als wir selbst habe uns um unsere Lebenszeit gebracht, so lange können wir nichts dagegen unternehmen. Denn es ist tatsächlich umgekehrt.

Wie bitte sollte Ihnen jemand Ihre Zeit stehlen?

Solange man Sie nicht einsperrt oder sonst irgendwie handlungsunfähig macht, entscheiden durchaus Sie selbst, wem Sie Ihre Lebenszeit widmen.
Wer jetzt insgeheim den Kopf schüttelt, möge doch bitte einmal überlegen, wie man einem Tiger Zeit stehlen könnte. Notieren Sie bitte in Ihr Heft die letzten drei Gelegenheiten, bei denen Ihnen jemand Zeit gestohlen hat, und schreiben Sie dazu, wie Sie es hätten verhindern können. Warum aber haben Sie es nicht verhindert? Bitte notieren Sie auch den Grund.

Die Probleme mit dem Verkaufen von Zeit können so weit gehen, dass nicht nur der Verkäufer, sondern auch der Einkäufer einen Nachteil hat.
Vor vielen Jahren habe ich die EDV-Netzwerke großer Unternehmen betreut. Ich habe das relativ schnell wieder aufgegeben, weil mir nach einiger Zeit das folgende Phänomen aufgefallen ist: Kunden bezahlen nicht nach Leistung, sondern nach Zeit. Es ist also besser, wenig Ahnung zu haben und ein Problem langsam zu lösen. Klingt komisch, ist aber so.

5. Schone deine Energie

Kam beispielsweise ein Kollege, der nicht wirklich wusste, wie das Problem zu lösen war, so werkte er zehn Stunden herum, um den Fehler zu finden. Für den Kunden hatte das zwar die unangenehme Konsequenz, dass das Netzwerk in der gesamten Zeit nicht zu nutzen war und der Betrieb daher mehr oder weniger zum Erliegen kam. Andererseits sah er den Techniker zehn Stunden lang angestrengt arbeiten und hatte keinerlei Problem damit, diese Arbeitszeit auch entsprechend zu bezahlen. Mit etwas Wissen um die grundsätzlichen Zusammenhänge war ich in der Lage, das gleiche Problem innerhalb von ungefähr einer Stunde zu lösen. Obwohl ich im Grunde die gleiche Leistung erbracht hatte und die Systeme nur ein Zehntel so lang stillstanden, war kein Kunde bereit, mir genauso viel zu bezahlen wie meinem langsameren Kollegen. Warum auch, so war die vorherrschende Meinung, sollte man jemandem ein Honorar für zehn Stunden bezahlen, der nur eine Stunde gearbeitet hatte?

Wie ist es bei Ihnen?

Kaufen Sie Zeit oder Leistung?

Schreiben Sie es bitte in Ihr Heft. Und schreiben Sie dazu, welche Nachteile Ihnen dadurch entstehen.

Ein ähnlicher Ressourcenfresser ist die Idee, alles selbst machen zu müssen.

Wer die eigenen Kraftreserven schonen möchte, der delegiert.

Das können Sie nicht, ich weiß. Aber helfen Sie auch Ihrer Wäsche beim Trocknen? Oder vertrauen Sie darauf, dass

5. Schone deine Energie

die Natur diesen Vorgang ganz von alleine zu Ihrer Zufriedenheit erledigen wird, wenn Sie nur die richtigen Vorbereitungen treffen?

Kraft und Lebensenergie durch Delegieren zu sparen bedeutet zuerst einmal zu akzeptieren, dass man nicht alles sofort haben kann.

Nehmen wir an, Ihnen ist beim Kochen das Essen angebrannt und hat sich am Boden des Topfes festgesetzt. Delegieren würde in diesem Fall bedeuten, etwas Wasser in den Topf zu tun und einfach zu warten, bis es seine Wirkung zeigt. Das dauert zwar, hat aber den Vorteil, keinerlei Kraft zu kosten. Die zweite, meiner Erfahrung nach häufiger angewandte Methode, ist, den Topfboden so lange mit einem Schwamm zu bearbeiten, bis sich die Reste gelöst haben. Das geht zwar meistens auch nicht schneller, gibt einem aber zumindest das angenehme Gefühl, die Sache sofort erledigt zu haben. Die Idee, alles unbedingt sofort zu wollen, ist eben ein erstaunlicher Krafträuber.

Stellen Sie sich vor, Sie bemerken an einem Freitagabend, wenn alle Geschäfte bereits geschlossen sind, dass ein erst vor kurzem erworbenes Gerät plötzlich nicht mehr funktioniert. Am liebsten würden Sie sofort den Hersteller anrufen, um ihm Ihre Meinung zu sagen und Ersatz zu bekommen. Nehmen wir an, die Sache macht Sie so richtig zornig: Wie werden Sie das Wochenende verbringen? Schreiben Sie es bitte in Ihr Heft.

Ein Tiger, der eine Sache nicht sofort haben kann, wartet, bis er sie bekommt.

5. Schone deine Energie

Niemals würde er Zeit oder Energie darauf verschwenden, etwas zu beschleunigen, das nicht zu beschleunigen ist.

Ich habe an anderer Stelle geschrieben, dass Tieren im Allgemeinen wohl das menschliche Bewusstsein fehlt, das uns an so etwas wie eine Zukunft denken lässt.

Wie gute Kämpfer leben Tiere im Augenblick.

Sie sind immer fokussiert auf das, was gerade passiert, und lassen sich nicht ablenken von irgendwelchen Fantasien über eine ungewisse Zukunft.

So schön die Idee, immer im Hier und Jetzt zu leben, klingen mag, so untauglich ist sie natürlich im menschlichen Alltag. Selbstverständlich ist es manchmal schlicht notwendig, über den Augenblick hinaus zu planen. Manchmal wollen wir größere Ziele verfolgen als die Befriedigung der momentanen Bedürfnisse. Schließlich ist es genau diese Fähigkeit, die uns menschlich macht. Im Grunde spricht ja auch nichts dagegen.

Gefährlich wird das nur, wenn unsere Gedanken in einer Situation mit der Zukunft beschäftigt sind, wenn die Gegenwart uns unsere volle Aufmerksamkeit abverlangt.

Ich selbst habe mir recht erfolgreich angewöhnt, über eine mögliche Zukunft nur dann nachzudenken, wenn meine Aufmerksamkeit im Hier und Jetzt nicht gebraucht wird.

Uns fällt es meist gar nicht mehr auf, wenn wir Lebensenergie verschwenden.

5. Schone deine Energie

Ein Beispiel ist, dass wir ständig das Für und Wider überlegen, auch bei Angelegenheiten, die wir eigentlich unbedingt tun möchten. Es geht hier nicht darum, mit der Möglichkeit des Scheiterns umzugehen und auf diese vorbereitet zu sein. Aber einmal ganz ehrlich: Wie viel Zeit und Kraft haben Sie in der letzten Zeit darauf verschwendet, sich zu überlegen, warum etwas nicht gehen kann? Ich sage hier ganz bewusst »verschwendet«. Denn stellen Sie sich einmal vor, Sie überlegen drei Wochen lang, warum Sie etwas besser nicht machen sollten – und tun es am Ende doch. Was haben Sie dann von der Energie, die Sie diese drei Wochen lang aufgewendet haben? Absolut nichts.
Tatsächlich sind damit bei weitem nicht alle Schwachpunkte benannt. Bereits Buddha hat erkannt, dass alles Leid alleine durch Gier entsteht. Auch wenn er damit wohl weniger die Gier nach materiellen Gütern wie dem neuesten Mobiltelefon gemeint hat.
Buddhas Sicht der Gier, so lehrt man in Shaolin, bezog sich auf Erwartungen und den damit verbundenen Ärger, sollten diese nicht erfüllt werden.

Es ist eine erstaunliche Tatsache, dass Erwartungen uns von anderen Menschen abhängig machen.

Liegt es doch allein in deren Ermessen, gemäß unseren Vorstellungen zu handeln. Oder eben nicht, und dann ist Ärger vorprogrammiert.
Wie oft überlassen wir unserer Umwelt die Kontrolle darüber, ob es uns gutgeht? Ein befremdlicher Gedanke, oder? Notieren Sie bitte die letzten drei Gelegenheiten, bei denen es Ihnen schlechtgegangen ist, weil jemand nicht so

gehandelt oder reagiert hat, wie Sie sich das vorgestellt hatten.

Trennen Sie sich von all Ihren Vorstellungen und Erwartungen, wie Menschen auf etwas zu reagieren haben.

Das ist deren Sache.

Handeln Sie, wie Sie handeln möchten, und belassen Sie es dabei.

Eines Tages, so erzählt man sich in Shaolin, kam ein junger Mann ins Kloster und bat einen älteren Mönch um Rat. »Meister«, sagte der Mann, »du musst mir helfen. Ich bin mit meiner Weisheit am Ende.« – »Wie kann ich dir helfen?«, fragte der Meister. »Ich schaffe es kaum, meinen Ärger zu kontrollieren«, antwortete der Besucher. »Es ist einfach die Art, wie die Leute sind: Ich sehe, wie sie andere kritisieren, während sie ihre eigenen Fehler absolut nicht bemerken. Ich möchte sie nicht kritisieren, da ich nicht wie sie sein möchte, aber es regt mich wirklich auf.« – »Ich verstehe«, sagte der Mönch. »Aber sage mir zuerst: Bist du nicht der Dorfbewohner, der letztes Jahr dem Tod knapp entkommen ist?« – »Ja«, antwortete der Mann. »Es war eine schreckliche Erfahrung. Ich bin zu weit in den Wald gegangen und stieß plötzlich auf ein Rudel hungriger Wölfe.« – »Und was hast du gemacht?« – »Ich bin gerade noch auf einen Baum geklettert, bevor sie bei mir waren. Die Wölfe waren riesig, und ich zweifelte nicht daran, dass sie mich in Stücke hätten reißen können.« – »Du warst also gefangen?« – »Ja. Ich wusste, dass ich ohne Wasser und Nahrung nicht lange auskommen würde, und so wartete ich, bis ihre Wachsamkeit nachließ. Immer wenn ich dachte, es sei sicher genug, kletterte ich herunter, sprintete zum nächsten Baum und erklomm diesen, bevor sie mir zu nahe kamen.« – »Das hört sich nach einer echten Tortur an.« – »Ja, insgesamt dauerte es zwei Tage. Ich dachte, ich müsse sterben. Zum Glück fand mich eine Gruppe Jäger, als ich nah genug beim Dorf war. Die Wölfe flohen, und ich war gerettet.« – »Mich interessiert vor allem eine Sache«, sagte der Weise. »Während dieser Erfahrung, hast du dich von den Wölfen irgendwann beleidigt gefühlt?« – »Was? Beleidigt?« – »Ja. Hast du dich von den Wölfen beleidigt oder verunglimpft gefühlt?« – »Natürlich nicht, Meister. Dieser Gedanke ist mir nie gekommen.« – »Warum nicht? Sie wollten nichts anderes, als dich beißen, nicht? Sie wollten dich töten, nicht wahr?« – »Ja, aber … das ist nun einmal, was Wölfe tun! Sie waren einfach sie selbst. Es wäre absurd gewesen, mich beleidigt zu fühlen.« – »Exzellent! Behalte diesen Gedanken im Kopf, während wir uns noch mal um deine Frage kümmern. Andere zu kritisieren, während sie selbst ihre Fehler nicht bemerken, ist etwas, was viele Leute tun. Du kannst sogar sagen, es sei etwas, was wir alle von Zeit zu Zeit tun. In einem gewissen Sinn leben die gefräßigen Wölfe in jedem von uns. Wenn die Wölfe ihre Krallen zeigen und auf dich zukommen, solltest du nicht einfach stehen bleiben. Du solltest dich sicherlich schützen, indem du irgendwie von ihnen fortkommst, wenn es möglich ist. Genauso solltest du nicht passiv akzeptieren, wenn Leute mit giftiger Kritik auf dich losgehen. Sicherlich solltest du dich schützen, indem du möglichst eine gewisse Distanz zwischen dich und sie bringst. Der wichtigste Punkt dabei ist, dass du das tun kannst, ohne dich angegriffen oder

5. Schone deine Energie

beleidigt zu fühlen, da diese Leute einfach nur sie selbst sind. Es liegt in ihrer Natur, zu kritisieren und zu richten, es wäre also absurd, daran Anstoß zu nehmen. Es macht keinen Sinn, wütend zu werden. Das nächste Mal, wenn sich die hungrigen Wölfe in Menschenhaut nähern, dann denke daran: Das ist einfach die Art, wie die Menschen sind. Genau wie du es gesagt hast, als du hereingekommen bist.«

Manche unserer Vorstellungen machen uns aber nicht nur unglücklich, sie machen uns auch angreifbar und abhängig.

Denken Sie nur an das Beispiel Manipulation. Ich habe schon im »Shaolin-Prinzip« geschrieben, dass Manipulation ein Kampf ist, den wir unter Anleitung des Gegners gegen uns selbst führen. Niemand kann Sie manipulieren, solange Sie das nicht selbst tun. Natürlich ist es einfacher, anderen Menschen die Verantwortung für das eigene Handeln unterzuschieben. Aber nehmen wir nur das Beispiel der Werbung, die angeblich so viele von uns dazu bringt, Dinge zu kaufen, die wir gar nicht brauchen. Mal ganz ehrlich: Trägt Werbung Sie ins Geschäft? Oder entscheiden Sie ganz alleine, hineinzugehen und einzukaufen?

Überlegen Sie sich nur einmal, wie Sie einen Tiger manipulieren könnten.

Tatsächlich ist das recht schwierig.

Tiger sind von nichts und niemandem abhängig.

Im Gegensatz zu uns Menschen, ich weiß. Aber müssen wir das denn sein? Und ist es nicht unsere eigene Entscheidung, es zu beenden?
Das menschliche Bewusstsein leistet Grandioses, aber auf eines hätte man, wie schon weiter vorne geschrieben, besser verzichten sollen: auf die Idee von Besitz. Auch Tiger haben wie gesagt Jagdreviere, die sie gegen ihre Artgenossen verteidigen, ich weiß. Aber haben Sie schon einmal von einem sibirischen Tiger gehört, der seine Jagdgründe in Amerika an Hyänen verpachtet hätte?

Tatsache ist, dass der menschliche Geist uns in einen Teufelskreis bringt, wenn es um Besitz geht.

Solange wir nämlich glauben, von etwas mehr bekommen zu können, haben wir niemals genug. Denken Sie nur an Geld. Wie viel Geld ist genug Geld? Eine Million? Eine Milliarde? Zehn Milliarden? Aber selbst dann könnte es noch ein bisschen mehr sein. Man weiß ja nie.

Haben Sie schon einmal darüber nachgedacht, wie viel Kraft und Lebenszeit auch Sie verschwenden, einfach weil Sie nicht genug bekommen können?

Möglicherweise entgegnen Sie mir jetzt, Besitz sei schließlich etwas, was man zum Überleben brauche. Falls dem so ist, schreiben Sie bitte in Ihr Heft, wie viel Besitz ein Tiger hat. Daneben notieren Sie bitte, über wie viel Prozent seiner Lebenszeit er selbst bestimmen kann. Wie viel Prozent sind es bei Ihnen?
Verstehen Sie mich bitte richtig. Ich möchte hier keine

Armut predigen, darum geht es überhaupt nicht. Besitzdenken ist ein wichtiger Teil unserer Gesellschaft, ohne den es weder Bestrafung noch Erpressung gäbe.

Ich möchte Ihnen aber bewusst machen, dass die ständige Gier unglaublich viel Kraft kostet, die Ihnen an anderer Stelle fehlt.

So hat der chinesische Philosoph Zhuangzi einmal gesagt: »Sich gegen Diebe, die Kisten aufbrechen, Taschen durchsuchen, Schränke aufreißen, dadurch zu sichern, dass man Stricke und Seile darum schlingt, Riegel und Schlösser befestigt, das ist es, was die Welt Klugheit nennt. Wenn nun aber ein großer Dieb kommt, so nimmt er den Schrank auf den Rücken, die Kiste unter den Arm, die Tasche über die Schulter und läuft davon, nur besorgt darum, dass auch die Stricke und Schlösser sicher festhalten.«
Lernen Sie, zu nehmen, was kommt, und gehen zu lassen, was gehen will.

Kämpfen Sie nicht gegen den Lauf der Dinge an.

Akzeptieren Sie, dass Sie Stille und innere Kraft niemals außerhalb, sondern immer nur in sich selbst finden.

ÜBUNGEN

Die Beschäftigung mit den folgenden Fragen soll Ihnen helfen, sparsam mit Ihrer Energie umzugehen.

Was kostet eine Minute Ihres Lebens?
....

Was bekommen Sie tatsächlich dafür?
....

Warum verhindert Gier Veränderung?
....

Wie funktioniert Manipulation?
....

Woran erkennen Sie, dass Ihre Kraft nachlässt?
....

Wie reagieren Sie, wenn jemand Sie ignoriert? Warum?
....

Egal, wohin ihr kommt,
 seid euer eigener Meister,
und wo ihr steht,
 steht aufrecht.
(Linji)

6. Begegne auf Augenhöhe

Im Kampf Mann gegen Mann musst du dich in die Position des Feindes versetzen. Wenn du denkst, »hier steht ein Meister der Kriegskunst vor mir, der alle Regeln der Strategie kennt«, dann wirst du mit Sicherheit verlieren.

(Miyamoto Musashi)

Lerne, dass die anderen dich genau dort sehen, wo du selbst dich hinstellst

Bis vor einigen Jahren noch hatte ich in meinem Beruf als Reiseleiter zeitweise ein recht unangenehmes Problem. Gerade auf längeren Reisen begannen manche Gäste, die meist um einiges älter waren als ich, mich ungefragt zu duzen. Es ist jetzt nicht so, dass ich mit dem »Du« an sich Probleme hätte. Ganz im Gegenteil: Sowohl als Fotograf als auch als Reiseleiter komme ich aus Branchen, in denen diese Anrede selbstverständlich ist. Doch in dieser Situation war es etwas anderes. Hier wurde mir, so zumindest mein Gefühl, das »Du« nicht auf Augenhöhe angeboten, sondern gleichsam von oben herab diktiert. Damals ließ ich mich dann duzen, empfand aber Widerwillen und redete mein Gegenüber weiterhin mit »Sie« an. Bis ich mir eines Tages klarmachte, dass ich keinen Grund hatte, mich durch diese Art der Behandlung gedemütigt zu fühlen, was mich auf Dauer zudem viel Kraft kostete. Also beschloss ich, diese Art der

Anrede als Angebot zu verstehen, dem anderen auf Augenhöhe zu begegnen und einfach zurückzuduzen.

Vielleicht stellen Sie sich gerade die Frage, warum ich das nicht einfach von Anfang an getan habe. Versetzen Sie sich bitte in eine Situation, in der Sie ähnlich gehandelt haben wie ich, und schreiben Sie in Ihr Heft, warum dem so war.

In den meisten Fällen handeln wir so, weil wir wohl fürchten, andere Menschen könnten an unserem Benehmen zweifeln. Anders ausgedrückt: Wir haben Angst, ein anderer könnte schlecht von uns denken. Aber glauben Sie ernsthaft, Ihr Gegenüber dächte besser über Sie, weil Sie etwas über sich ergehen lassen?

Manchmal ist es notwendig, den Geist zu leeren und die Dinge so zu sehen, wie sie wirklich sind.

Wir sollten uns fragen, warum wir anderen eine bestimmte Absicht unterstellen. Wer sagt denn, dass mich überhaupt jemand demütigen wollte? Vielleicht hatten die betreffenden Gäste angenommen, ich würde den einfachen Übergang zum »Du« schlicht als Aufforderung verstehen, es ihnen gleichzutun!

Unglücklicherweise verhindern das menschliche Bewusstsein und die damit verbundene Fähigkeit zur Interpretation von Sachverhalten, dass wir allein aufgrund von Tatsachen handeln. Wie schon geschrieben, richten wir unser Verhalten ausschließlich nach dem, was wir für Tatsachen halten. Wäre dem nicht so, könnten wir niemals etwas falsch verstehen und uns dann darüber kränken oder ärgern.

6. Begegne auf Augenhöhe

Wir formen unsere Wirklichkeit so, dass sie zu unseren Erwartungen passt.

So war es in Asien viele Jahre lang üblich, dass ein wandernder Mönch, der in einem Zen-Tempel verweilen wollte, mit jenen, die im Tempel lebten, eine Diskussion über den Buddhismus führen musste. Gewann er den Wettstreit, durfte er bleiben, wurde er besiegt, musste er weiterziehen. Einst lebten in einem Tempel zwei Mönche. Der ältere war gelehrt, der jüngere hingegen war dumm, und er hatte nur ein Auge. Eines Tages bat ein wandernder Mönch um Unterkunft, indem er zu einer Debatte über die tiefe Lehre herausforderte. Müde vom vielen Studieren überließ der ältere Bruder dem jüngeren seinen Platz: »Geh und bitte darum, dass das Gespräch schweigend geführt wird.« Der junge Mönch und der Fremdling ließen sich beim Schrein nieder. Kurz darauf erhob sich der Reisende, ging zum älteren Mönch und sagte: »Dein jüngerer Bruder ist ein prächtiger Bursche. Er hat mich besiegt.« – »Berichte mir von eurem Gespräch«, bat der ältere Bruder. »Zuerst«, antwortete der Reisende, »hielt ich einen Finger hoch, der Buddha, den Erleuchteten, repräsentierte. Daraufhin hielt er zwei Finger hoch, was auf Buddha und seine Lehre deutete. Ich hielt drei Finger hoch, was so viel bedeutet wie Buddha, seine Lehre und seine Anhänger, die in Harmonie leben. Daraufhin stieß er mir seine geballte Faust ins Gesicht, womit er darauf hinwies, dass alle drei einer Verwirklichung entspringen. Somit gewann er, und ich habe nicht das Recht, hierzubleiben.« Damit verließ der Reisende den Tempel. »Wo ist dieser Kerl?«, fragte der Jüngere, der vor Eifer fast den älteren Mönch umrannte. Der sagte: »Ich denke, du hast die Debatte gewonnen.« – »Nicht im mindesten. Ich werde ihn verprügeln!« – »Erzähl mir den Inhalt des Gesprächs«, sagte der Ältere. Das tat der Jüngere. »Kaum sah er mich, hob er einen Finger und beleidigte mich, indem er darauf anspielte, dass ich nur ein Auge habe. Da er ein Fremder war, wollte ich höflich sein und hielt zwei Finger hoch, womit ich ihn beglückwünschte, dass er zwei Augen habe. Daraufhin hielt der unhöfliche Lump drei Finger hoch, um mir zu verstehen zu geben, dass wir zusammen nur drei Augen hätten. Da wurde ich wütend und wollte ihn verprügeln, aber er rannte hinaus, und damit endete es.«

Solche Missverständnisse sind an der Tagesordnung, denn immer denkt sich jeder von uns »seinen Teil«. Nehmen wir einmal an, Sie betreiben einen gutgehenden »Shop« im Internet, mit dessen Design Sie sehr zufrieden sind. Doch eines Tages sehen Sie beim Surfen zufällig die Homepage eines Weltkonzerns und stellen fest, dass dort sehr vieles anders gemacht wurde als auf Ihrer eigenen, sehr erfolgreichen Website.

Schreiben Sie bitte in Ihr Heft, wie Sie auf diese Erkenntnis reagieren. Kann es sein, dass Sie zumindest in die Versuchung kommen, Ihren Internetauftritt dem des Konzerns anzupassen?

Viel zu oft gehen wir davon aus, dass unsere Mitmenschen stets aus einer bewussten Absicht heraus handeln. Der Mitarbeiter einer Fluglinie erzählte mir einmal, es habe lange Zeit Schwierigkeiten mit den langgedienten Kapitänen gegeben, die jüngere Kopiloten von oben herab behandelt hätten. Schließlich hätten diese sich nicht mehr getraut, das

Handeln des Kapitäns in Frage zu stellen und selbst dort eine Absicht unterstellt, wo es gar keine gab. Leuchtete beispielsweise im Cockpit ein Licht auf, ohne dass der Pilot es beachtete, wollte der Kopilot auch wider sein besseres Wissen glauben, der Kapitän ignoriere es absichtlich. Dass der Kapitän das Licht übersehen haben könnte, kam dem Kopiloten nicht in den Sinn.

Wie verhält sich das eigentlich bei Ihnen? Bestehen Sie auch gegen möglichen Widerstand darauf, dass Fehler behoben werden, oder denken Sie das Problem lieber aus der Welt?

Vor einiger Zeit hat mich ein Freund, der als Kapitän bei ebendieser Fluglinie tätig ist, Folgendes gefragt: »Stelle dir vor, du sitzt in einem startbereiten Flugzeug und siehst durch das Fenster, dass die Tragflächen vereist sind. Da du dich privat viel mit der Fliegerei beschäftigst, weißt du, dass ein Start unter diesen Umständen fatale Folgen haben kann. Meldest du in so einem Fall der Flugbegleitung, dass du auf der Enteisung bestehst, selbst wenn dadurch, sehr zum Unmut der anderen Fluggäste, der Abflug verzögert würde? Oder redest du dir ein, der Pilot würde wohl nicht starten, wenn es gefährlich wäre?«

Die Uminterpretation von Wirklichkeit kann tragische Folgen haben. Vor zwanzig Jahren entschlossen sich die Fluggäste in genau so einem Fall zum Schweigen. Und bezahlten ihre Unterordnung kurz nach dem Start in Rom mit dem Leben. Aber selbst wenn diese bewussten Missverständnisse zum Glück meist glimpflich enden, kosten sie uns Kraft. Und die Möglichkeit, unseren Mitmenschen auf Augenhöhe zu begegnen. Genauso verhält es sich in dem Beispiel mit dem Internetauftritt: Wer sagt Ihnen, dass die Firma tatsächlich wegen und nicht trotz dieser Website Erfolg hat?

6. Begegne auf Augenhöhe

Vor allem kleine Hunde, so habe ich vor einiger Zeit gelesen, wissen selbst nicht, wie klein sie eigentlich sind. Das führt dazu, dass sich ein winziger Hund mit einem viel größeren Gegner anlegt, der ihm körperlich überlegen ist. Infolge seines übersteigerten Selbstwertgefühls ist sich der kleine Hund dieser Tatsache nicht bewusst. Er benimmt sich also wie ein großer. Oft hat er mit dieser Taktik sogar Erfolg und schlägt einen eigentlich übermächtigen Angreifer in die Flucht.

Spannend finde ich dies, weil die kleinen Hunde ganz instinktiv etwas tun, was wir Menschen erst mühsam lernen müssen: Sie nehmen sich selbst als Maßstab und kümmern sich nicht um die Meinung anderer. Da die Technik offensichtlich funktioniert, scheinen die Tiere hier wohl instinktiv etwas richtig zu machen.

Sich mit anderen zu vergleichen kostet nur Energie und macht schwach.

Wenn wir anderen jedoch auf Augenhöhe begegnen, haben wir noch weitaus mehr Vorteile.

Wer sich selbst Maßstab ist, wird dadurch unabhängig von der Meinung anderer.

Ein Weiser, so heißt es in Shaolin, streute jeden Abend um sein Haus herum Samen aus. Eines Tages fragte einer seiner Schüler, der ihn dabei beobachtete: »Meister, warum streut Ihr Samen um das Haus?« – »Um die Tiger fernzuhalten«, antwortete der Weise. »Aber Meister«, erwiderte der Schüler, »es gibt keine Tiger in der Gegend!« –

6. Begegne auf Augenhöhe

»Dann«, sagte der Weise, »ist meine Methode also wirksam.«

Was auf den ersten Blick lustig wirkt, zeigt auf den zweiten, was es bedeutet, auf Augenhöhe zu begegnen. Wer will beweisen, dass der Meister ein eigenartiger Spinner ist? Er könnte schließlich auch recht haben. Wenn nun aber der Schüler meinte, der Weise sei nicht ganz bei Sinnen: Wessen Problem wäre das dann? Schreiben Sie es bitte in Ihr Heft.

Im letzten Kapitel habe ich Sie darauf hingewiesen, dass Sie weder beeinflussen können noch dafür verantwortlich sind, was andere Menschen tun. Und ärgern wir uns über fremdes Verhalten, so vergeuden wir Energie. Begegnen wir unseren Mitmenschen jedoch auf Augenhöhe, so gibt es plötzlich nicht mehr Täter und Opfer, sondern nur noch zwei handelnde Personen.

Stellen Sie sich vor, jemand versucht, Ihnen eine Ware zu einem offensichtlich überhöhten Preis zu verkaufen. Sie reagieren zornig, und daraufhin reduziert der Verkäufer plötzlich den Preis.

Notieren Sie bitte, warum Sie das Verhalten des Anbieters ärgert und warum Sie ihm durch Ihre Reaktion die Kontrolle über Ihr Wohlbefinden überlassen.

Ich selbst wurde in den vielen Jahren des Reisens immer wieder mit genau diesem Problem konfrontiert. Doch nachdem ich anfänglich zornig reagiert habe über jeden Betrugsversuch, habe ich bewusst beschlossen, die Opferrolle aufzugeben und mich nicht mehr als der arme Geschädigte zu fühlen.

Erstens hat niemand das Recht, mir den Tag zu verderben.
Und zweitens mache ich mich als Opfer freiwillig selbst kleiner.

6. Begegne auf Augenhöhe

Denn meist begeben wir uns selbst in die Opferrolle, indem wir uns erniedrigen.

Begegne ich auf Augenhöhe, sieht meine Reaktion folgendermaßen aus: Stelle ich fest, dass jemand versucht, mich zu übervorteilen, rufe ich mich zur Vernunft: Jeder darf versuchen, mich zu betrügen. Diese Freiheit gebe ich meinen Mitmenschen. So handle ich mit jedem auf Augenhöhe. Selbst mit einem Betrüger.

Und was ist, wenn ich einen Betrug nicht bemerke? Richtig, es passiert gar nichts. Dann zahle ich vermutlich das Doppelte des üblichen Preises und freue mich noch darüber, ein Schnäppchen gemacht zu haben.

Verstehen Sie, worauf ich hinausmöchte?

Es ist nicht wichtig, wie andere Menschen handeln.
Es zählt alleine, wie Sie darauf reagieren.

Meister Ikkyu, so heißt es, wurde eines Tages vom Kaiser zu einem Bankett eingeladen. Ärmlich bekleidet wie immer, begab er sich zum Schloss. Als er durch das Haupttor gehen wollte, wurde er von den Wächtern aufgehalten: »Wer bist du, und was willst du?« – »Ich bin Ikkyu, der Zen-Mönch, und ich bin vom Kaiser zum Essen eingeladen.« Die Wächter lachten ihn aus: »Was? Du sollst der berühmte Meister Ikkyu sein? Du lügst, du bist nichts weiter als ein armseliger Bettler, geh weg, verschwinde von hier.« Ikkyu ging wieder nach Hause. In einer Truhe hatte er noch einen wunderschönen Kolomo von früher aufbewahrt. Er hatte ihn noch nie getragen. Er nahm das Gewand heraus, zog es an und ging wieder zum Schloss zurück. Die Wächter am Eingang sahen ihn schon von weitem einherschreiten: »Ah, da kommt ein wichtiger Gast, das ist sicher Meister Ikkyu, der vom Kaiser zum Essen eingeladen wurde.« Ohne sie eines Blickes zu würdigen, schritt Ikkyu an ihnen vorbei. Die Wachleute verneigten sich tief. Doch er begab sich direkt zum Saal, in dem das Bankett bereits begonnen hatte. Dort wurde er vom Kaiser freudig empfangen. Aber statt sich hinzusetzen, zog Ikkyu seine Kleider aus, bis er ganz nackt war, legte sie auf seinen Sitzplatz und ging wieder zur Tür. Die Anwesenden waren schockiert. Der Kaiser rief ihm fassungslos nach: »Ikkyu, was machst du denn?« Da drehte Ikkyu sich um und antwortete: »Ich bin nur gekommen, um Ihnen meine Kleider zu bringen, denn Sie haben ja nicht mich eingeladen, sondern meine Kleider.«

Menschen, die sich freiwillig unter andere stellen, haben meist noch ein weiteres Problem: Sie verkaufen sich unter ihrem Wert.

Solange die Betroffenen mit dieser Situation glücklich sind, gibt es kein Problem. Doch das ist fast nie der Fall. Die meisten verschwenden zusätzlich eine große Menge Zeit und Energie darauf, sich über ihre unbefriedigende Situation zu beklagen. Da kann man hören, wie schlecht und unfair die ganze Welt doch sei.

Die wahre Ursache für ihre schlechte Bezahlung erkennen diese Menschen meist nicht. Niemals würden sie einsehen, dass sie einfach schlecht verhandelt haben. Schließlich herrscht vielfach die eigenartige, doch weitverbreitete Einstellung vor, dass das Bezahlen einer Leistung so etwas wie ein Gnadenakt sei, für den der Empfänger dankbar zu sein habe.

Selbst von Bekannten und Kollegen, die ihre Arbeitskraft

oft weit unter Wert verkaufen, höre ich immer wieder: »Der Kunde würde sicher mehr bezahlen, aber er kann es leider nicht.« Wie bitte? Machen diese Kunden das im Supermarkt auch so? Fragen sie tatsächlich, ob sie die Käsesemmel nicht billiger bekommen könnten, weil sie leider das Geld für den vollen Preis nicht haben?

Aber warum tun sie das dort eigentlich nicht? Schreiben Sie die Antwort bitte in Ihr Heft und notieren Sie dazu die letzten drei Situationen, in denen Sie einen Nachteil hatten, nur weil Sie nicht bereit waren, Ihrem Gegenüber als ebenbürtiger Partner zu begegnen.

Nicht immer verhält es sich nämlich so, dass der Kunde nicht bereit ist zu zahlen. Viel häufiger erlebe ich es, dass der Verkäufer sich nicht traut, einen angemessenen Preis zu verlangen, und sich nachher über die vermeintlich ungerechte Bezahlung beklagt.

Wenn Sie irgendwo ein Sonderangebot sehen, was tun Sie dann? Greifen Sie zu oder bieten Sie an, freiwillig mehr zu bezahlen?

Wie viel jemand für etwas zu zahlen bereit ist, hängt in erster Linie davon ab, was der Verkäufer verlangt.

Die Höhe des von Ihnen verlangten Preises ergibt sich wiederum allein daraus, dass Sie ihn verlangen. Da gibt es nichts zu diskutieren und nichts zu erklären. Niemand muss Ihre Preisvorstellung richtig, angemessen, marktkonform oder gerecht finden. Sie zwingen ja niemanden, bei Ihnen zu kaufen. Daher käme auch kein Unternehmen, das erfolgreich auf dem Markt ist, auf die Idee, Preise zu rechtfertigen. Oder wurde Ihnen schon einmal erläutert, wie genau sich der Preis für Ihr Auto, Ihren Laptop oder Ihre Waschmaschine zusammensetzt?

6. Begegne auf Augenhöhe

Natürlich gilt das hier vorgestellte Prinzip der Gleichwertigkeit nicht nur für Geld.

Auf Augenhöhe zu begegnen bedeutet zu verstehen, dass Sie genauso wertvoll sind wie alle anderen Menschen auch.

Sie haben das gleiche Recht auf Anerkennung, Fairness und respektvolle Behandlung, das Sie Ihren Mitmenschen auch zugestehen.
Nehmen Sie als Beispiel eine Bahnkreuzung. Werden dort die Schranken geschlossen, dann hat der Zug Vorfahrt. Niemand stellt das in Frage. In Ihrem Leben ist es Ihre Aufgabe, Ihre Schranken zu schließen. Fürchten Sie sich nicht, und vertrauen Sie darauf, dass Ihre Umwelt das respektieren wird.

Auf Augenhöhe begegnen bedeutet aber nicht nur, zu niemandem aufzuschauen. Es meint vielmehr auch das Gegenteil: auf niemanden hinunterzublicken.

Mir geht es hier weniger um die Frage, wie Sie über Ihre Mitmenschen denken. Für gefährlich halte ich es aber, wenn sich jemand darüber definiert, dass er besser sei als jemand anders. Ich weiß, unter den Blinden ist der Einäugige der König. Aber wollen Sie wirklich einäugig sein? Wann immer Sie vor der Entscheidung stehen, sich einer Gruppe von Menschen anzuschließen, haben Sie zwei Möglichkeiten: Sie können der Beste unter den Schlechtesten sein, was wahrscheinlich gut für Ihr Ego, aber schlecht für Ihre Weiterentwicklung ist. Oder Sie sind der Schlechteste unter den Besten. Was nebenbei den Vorteil bringt, dass Ihr

Name mit ebendieser Gruppe in Verbindung gebracht wird und Sie von den anderen etwas lernen können.

Wie oft höre ich von Rednern, dass sie sich freuen, möglichst schwache Vorredner zu haben. Warum? Weil das Publikum dann die eigene schwache Leistung umso mehr honoriere. Für jemanden, der es auf diesem Gebiet zu etwas bringen möchte, ist das der falscheste Ansatz, den man sich nur denken kann.

Zunächst einmal fällt jeder Anreiz weg, sich zu verbessern. Man ist ja ohnehin bereits der Beste. Andererseits vergibt sich, wer so denkt, eine große Chance. Stellen Sie sich nur einmal vor, Sie hätten meinen Namen noch nie gehört. Plötzlich sehen Sie, dass ich gemeinsam mit den zehn bekanntesten Rednern Europas auftrete. Was würden Sie über mich denken? Schreiben Sie es bitte auf.

Ich selbst wäre in dieser Situation neugierig auf den unbekannten Redner, den ich offensichtlich kennen sollte. Schließlich steht doch im Normalfall kein Unbekannter mit so viel Prominenz auf der Bühne!

Sie wissen, dass Menschen sehen, was sie zu sehen erwarten. So ist es auch in diesem Fall.

Dieses Problem betrifft natürlich nicht alleine Vortragsredner. Auf allen beruflichen Ebenen begegnet mir das Phänomen: Führungskräfte umgeben sich ausschließlich mit Beratern, die sie für schwächer halten als sich selbst. Dahinter steckt meist die vordergründig verständliche Sorge, ein starker Berater könnte sich zum Gegner im Kampf um den Thron entwickeln. Anders ausgedrückt: Ein Manager, der schwächere Mitarbeiter einstellt, lebt mit der Angst um seinen Job, da er befürchtet, ein starker Mitarbeiter könne seine Schwächen sichtbar machen.

Tatsache bleibt aber, dass eine Führungskraft an ihren Ergebnissen gemessen wird und nicht an der Frage, ob sie gut dasteht.

Umgeben Sie sich ausschließlich mit den besten Mitarbeitern, die Sie bekommen können. Nur so bleiben Sie auch auf Dauer König.

Gerade für den Wunsch, vor anderen gut dazustehen und sich damit über diese zu stellen, opfern Menschen oft erstaunlich viel Kraft. Drei heilige Männer, so erzählt man sich in Shaolin, gingen zusammen auf Reisen. Der eine war ein indischer Yogi, der zweite ein Sufi-Derwisch und der dritte ein Zen-Mönch. Unterwegs kamen sie zu einem kleinen Fluss. Die Brücke, die ursprünglich hinüberführte, war vom Schmelzwasser weggespült worden. »Ich zeige euch, wie man einen Fluss überquert«, sagte der Yogi – und ging doch tatsächlich hinüber, und zwar direkt übers Wasser! »Nein, nein, so macht man das nicht«, sagte der Derwisch. »Passt gut auf, Freunde.« Er fing an, sich im Kreis zu drehen, schneller und schneller, bis er nur noch ein verwaschener Fleck aus konzentrierter Energie war, und ganz plötzlich – peng! – sprang er ans andere Ufer. Der Zen-Mönch stand da und schüttelte den Kopf. »Ihr Dummköpfe«, sagte er, »ich zeige euch, wie man einen Fluss überquert.« Und damit hob er sein Gewand an und watete vorsichtig durch den Fluss.
In welchem der drei Männer erkennen Sie sich selbst? Schreiben Sie es bitte in Ihr Heft. Und notieren Sie darunter, wann Sie das letzte Mal etwas getan haben, nur um jemand anderem etwas zu beweisen. Was haben Sie erwartet, dass es Ihnen bringen würde? Was hat es Ihnen wirklich gebracht?

6. Begegne auf Augenhöhe

Gehen Sie den Weg des Tigers:
Sie müssen keine Erwartungen erfüllen.

Weder Erwartungen, die von anderen Personen an Sie gestellt werden, noch solche, die Sie an sich selbst haben. Damit setzen Sie sich nur unnötig unter Druck und begegnen sich nicht einmal mehr selbst auf Augenhöhe. Denn auch dazu ist es nötig, dass Sie mit sich selbst im Reinen sind und keine übertriebenen Erwartungen an sich stellen.

Verstehen Sie das bitte nicht falsch: Erwartungen haben nichts mit Zielen zu tun. Ein Tiger jagt, um Beute zu erlegen. Aber er würde sich niemals unter den Druck setzen, dieses Ziel unbedingt erreichen zu müssen. Was nämlich, wenn das gejagte Tier schneller ist und entkommt?

Ein Mensch in dieser Situation fühlt sich schlecht, er macht sich Vorwürfe, weil er die eigenen Erwartungen nicht erfüllt hat, und beginnt, an sich zu zweifeln. Haben Sie schon einmal darüber nachgedacht, wie viel Zeit und Energie Sie mit diesen Erwartungen vergeuden, die Sie viel besser dafür nutzen könnten, Ergebnisse zu erzielen? Der Tiger jedenfalls macht völlig emotionslos eine kurze Pause und startet dann einen neuen Versuch.

Lernen Sie vom Tiger, nicht nur allen anderen,
sondern auch sich selbst auf Augenhöhe zu begegnen.

Wo immer Sie sind: Stehen Sie aufrecht, und werden Sie Ihr eigener Meister.

ÜBUNGEN

Begegnen Sie auf Augenhöhe? Die folgenden Fragen sollen Ihnen dabei helfen.

Wieso stört es Sie, wenn jemand die Farbe Ihres Autos hässlich findet?
....

Erwarten Sie eine Reaktion, wenn Sie ein Geschenk machen?
....

Was passiert, wenn diese ausbleibt?
....

Wer dürfte Sie niemals kritisieren? Warum?
....

Wem möchten Sie unbedingt etwas beweisen?
....

Welchen Vorteil haben Sie davon, wenn es gelingt?
....

Welche Menschen sind Ihnen überlegen? Sind sie das wirklich in allem?

....

*Die Großen
　　hören auf zu herrschen,
wenn die Kleinen
　　aufhören zu kriechen.
(Johann Christoph Friedrich von Schiller)*

7. Ertrage Konfrontation

Stellt euch vor, es ist Krieg, und keiner geht hin –
dann kommt der Krieg zu euch.

(Bertolt Brecht)

Lerne, dass die Angst vor Konfrontation dich schwächt und deinen Gegner stark werden lässt

Eines Tages saßen im Sprechzimmer eines Arztes dicht gedrängt Menschen und warteten. Nach einer Weile stand ein älterer Herr auf und ging zur Sprechstundenhilfe. »Entschuldigen Sie«, sagte er freundlich. »Ich hatte einen Termin um zehn Uhr. Jetzt ist es fast elf. Ich möchte nicht länger warten. Bitte geben Sie mir einen neuen Termin.« Im Sprechzimmer wurde getuschelt. Eine Frau sagte zu einer anderen: »Der ist doch bestimmt schon achtzig – was kann der wohl so Dringendes vorhaben, dass er nicht warten kann?« Der Mann hörte die Bemerkung und drehte sich um. Er verbeugte sich vor der Dame und sagte: »Gnädige Frau, ich bin siebenundachtzig Jahre alt. Und genau deswegen kann ich es mir nicht leisten, auch nur eine Minute der kostbaren Zeit zu vergeuden, die mir noch bleibt.«

Eine ungewöhnliche, aber durchaus erstaunliche Geschichte. Wäre es denn auch Ihre gewesen? Oder hätten Sie sich dem Druck der laut tuschelnden Frauen gebeugt? Hätten Sie versucht, sie zu ignorieren, und gehofft, sich aus dem Staub machen zu können, bevor es zur Konfrontation kommt? Notieren Sie die Antwort bitte in Ihr Heft. Schreiben Sie auch dazu, warum Sie auf diese Art gehandelt hätten.

Viele Menschen gehen jeder Konfrontation mit der Ausrede aus dem Weg, sie seien doch so unglaublich friedliebend. Es zahle sich nicht aus, wegen jeder Kleinigkeit zu streiten! Nur für den Fall, dass Sie gerade zustimmend mit dem Kopf nicken: Hat jemand etwas von Streiten gesagt? Ich nicht.

Konfrontation bedeutet Standhaftigkeit, nicht Streit.

Ein Tiger lässt sich durch nichts und niemanden einschüchtern. Streitet er deshalb mit Ihnen?
Ich denke, die meisten Menschen vermeiden Konfrontation ganz einfach aus Angst. Das ist insofern erstaunlich, als eines klar sein muss:

Wer keine Konfrontation erträgt, zieht meist den Kürzeren.

Selbst wenn viele es gerne so hätten, gewinnen auf dieser Welt nicht automatisch die Guten und Unschuldigen. Das kann schon deshalb nicht sein, weil der Natur Begriffe wie »gut« und »unschuldig« überhaupt nicht bekannt sind. Das sind rein menschliche Ideen.
Wen sollte die Natur denn auch gewinnen lassen? In Wirklichkeit ist es daher umgekehrt:

Fast immer verliert derjenige, der die Konfrontation scheut.

Werfen wir für ein Beispiel einen kurzen Blick in die gängigen Rechtssysteme, in denen dieses Prinzip besonders deutlich zu erkennen ist. Hier beginnt alles damit, dass ein Vertreter einer Behörde einen Menschen beschuldigt, etwas Verbotenes getan zu haben. Weder ist dem Ankläger zu diesem Zeitpunkt der wahre Sachverhalt bekannt, noch interessiert er sich dafür. Muss er aber auch gar nicht. Ob der Beklagte nämlich am Ende schuldig oder freigesprochen wird, hat in diesem Stadium überhaupt nichts mit der Frage zu tun, was wirklich passiert ist. Vielmehr wird der Betreffende aufgefordert, im Falle seiner Unschuld die Behörde mit dieser Tatsache zu konfrontieren. Tut er das nicht in der vorgeschriebenen Zeit, wird er automatisch behandelt, als habe er das Unrecht tatsächlich begangen. Gegebenenfalls wird er auch dafür bestraft. Sein wirkliches Vergehen ist in diesem Fall aber nicht der ihm vorgeworfene Gesetzesbruch, sondern alleine seine Angst vor der Konfrontation.

Ich erinnere mich beispielsweise noch gut daran, dass vor einigen Jahren in Österreich ein junger Mann aufgefordert wurde, wegen einer angeblichen Körperverletzung entweder eine Geldstrafe zu bezahlen oder binnen 14 Tagen schriftlich Einspruch gegen diese Behauptung zu erheben. In letzterem Fall, so war dem behördlichen Schreiben zu entnehmen, werde ein ordentliches Gerichtsverfahren gegen ihn eröffnet, in dem der Sachverhalt geklärt würde. Tatsächlich hatte sich der Betroffene zum fraglichen Zeitpunkt nachweislich nicht in Österreich aufgehalten und hätte folglich leicht seine Unschuld beweisen können. Da der geforderte Betrag aber im Verhältnis zu den im Falle eines Prozesses zu erwartenden Problemen und Kosten relativ niedrig war und er die Sache aus der Welt haben wollte, entschloss sich der junge Mann, zu bezahlen. Denn

7. Ertrage Konfrontation

er dachte, damit sei die Angelegenheit erledigt. Aber weit gefehlt. Denn als er einige Zeit später in einer anderen Sache belangt wurde, war der geforderte Betrag ungewöhnlich hoch. Auf Rückfrage erklärte ihm ein Behördenvertreter, die massiv erhöhte Strafe hänge damit zusammen, dass er ja bereits wegen Körperverletzung vorbestraft sei. Schließlich habe er beim letzten Mal die Strafe bezahlt und damit auch seine Schuld anerkannt.

Einer Konfrontation aus dem Weg zu gehen hat nicht immer so dramatische Konsequenzen wie in dem oben geschilderten Fall.

Wer Konfrontationen vermeiden will, erkauft sich aber leicht einen Nachteil.

Das zeigt auch die folgende Geschichte. Es geschah im frühen Mittelalter, dass ein alter Kaufmann mit seinem Wagen aus der wunderschönen Stadt Venedig hinauszog. Sein Esel tat ihm gute Dienste, und so kam er mit dem Karren rasch voran. Nach einer Weile erreichte er eine verengte Stelle, die zwei Karren nicht nebeneinander passieren konnten. Da kam ihm ein grobschlächtiger junger Mann auf einem zweiten Karren entgegen. Dieser junge Mann blickte ihm grimmig in die Augen und rief: »Geh mir aus dem Weg, alter Mann, oder ich mache es genauso wie in Montecasino.« Erschrocken und verängstigt wich der alte Mann sogleich aus. Nachdem der zweite Karren vorüber war, fasste sich der alte Kaufmann schließlich ein Herz und fragte schüchtern: »Was hast du denn in Montecasino getan?«
»Nun«, antwortete der andere, »dort habe ich Platz gemacht.«

7. Ertrage Konfrontation

Schreiben Sie bitte die letzten drei Gelegenheiten in Ihr Heft, bei denen Sie alleine deshalb einen Nachteil hatten, weil Sie nicht bereit waren, eine Konfrontation zu wagen. Schreiben Sie bitte auch dazu, was zu Ihrem Verhalten geführt hat.

Wie die Geschichte mit dem Kaufmann zeigt, muss eine Konfrontation nichts mit Streit zu tun haben.

Ganz im Gegenteil hilft Konfrontation oft, Streit zu vermeiden.

Was aber hätte es den alten Kaufmann gekostet, seine Frage schon früher zu stellen?

Stellen Sie sich jetzt einmal einen Tiger vor. Wie hätte er in der beschriebenen Situation wohl gehandelt? Schreiben Sie es bitte auf.

Falls jetzt in Ihrem Heft steht, dass der Tiger unter allen Umständen angegriffen hätte, dann ist das richtig. Tiger zählen zu den ganz wenigen Tieren, die niemals einer Konfrontation aus dem Weg gehen. Womit sie etwas mit den legendären Kampfmönchen aus dem Shaolin-Kloster gemeinsam haben. Schließlich waren auch diese dafür bekannt, nicht zu drohen, sondern zu handeln.

In gewisser Hinsicht können Sie sich die Methoden dieser klösterlichen Kämpfer durchaus ähnlich vorstellen wie jene der sizilianischen Mafia. Auch dort fackelt man nicht lange. Wenn Sie gegen geschriebene oder ungeschriebene Gesetze verstoßen, findet sich Ihre Leiche am nächsten Tag entsetzlich zugerichtet im Kofferraum eines Autos.

Natürlich rufe ich Sie nicht zu gewalttätigem Handeln auf, ganz im Gegenteil. Aber es fällt auf, dass beiden Organisationen, den Shaolin-Mönchen und der Mafia, ihre legendäre Bereitschaft zur konsequenten Konfrontation nach einiger Zeit zu dem Vorteil des kampflosen Sieges verhalf. Doch nicht immer scheuen wir die Konfrontation mit anderen Menschen.

Oft genug stehen wir selbst uns im Weg und kosten uns Kraft.

So erging es auch einem Löwen, der in einer Wüste lebte, in der ständig Wind wehte. Deshalb war das Wasser in den Wasserlöchern, aus denen er normalerweise trank, niemals ruhig und glatt. Der Wind kräuselte die Oberfläche, und nichts spiegelte sich im Wasser. Eines Tages wanderte der Löwe in einen Wald, er jagte dort, spielte, bis er sich müde und durstig fühlte. Auf der Suche nach Wasser kam er zu einem Teich mit dem kühlsten, verlockendsten und angenehmsten Wasser, das man sich nur vorstellen kann. Löwen können – wie andere Wildtiere übrigens auch – Wasser riechen, und der Geruch dieses Wassers war für ihn überwältigend. Der Löwe näherte sich dem Teich und streckte seinen Kopf über das Wasser, um zu trinken. Plötzlich sah er jedoch sein eigenes Spiegelbild und dachte, es sei ein anderer Löwe. »Oje«, sagte er zu sich, »das Wasser gehört wohl einem anderen Löwen, ich sollte vorsichtig sein.« Er zog sich zurück, aber der Durst trieb ihn wieder zu dem Teich. Doch abermals sah er den Kopf eines furchterregenden Löwen, der ihn von der Wasseroberfläche aus anstarrte. Dieses Mal hoffte der Löwe, er könne sein Gegenüber verjagen und riss sein Maul auf, um furchterregend zu brüllen. Aber gerade als er seine Zähne fletschte, riss auch der andere sein Maul auf, und der gefährliche Anblick erschreckte den Löwen. Immer wieder zog er sich zurück und näherte sich dem Teich. Und immer wieder machte er dieselbe Erfahrung. Nachdem einige Zeit vergangen war, war er so durstig und verzweifelt, dass er zu sich selber sagte: »Löwe hin, Löwe her, ich werde jetzt von diesem Wasser trinken.« Und wahrlich, sobald er sein Gesicht in das Wasser tauchte, war auch der andere Löwe verschwunden.

Für mich ist dieser »andere Löwe« ein Spiegelbild all der ungelösten Probleme, die wir ständig mit uns herumtragen. Er symbolisiert alles, was uns im Weg steht, dem wir aber ausweichen, weil wir nicht bereit sind, eine Begegnung zu ertragen.

Ich erinnere mich in diesem Zusammenhang an eine recht unangenehme Situation als Reiseleiter. Eines Tages ging mich ein Gast an und beschwerte sich über die seiner Meinung nach zu kleinen Schiffskabinen, deren Größe ihm vor der Buchung schriftlich bekanntgegeben worden war. Meine Aufforderung, in einem normalen Ton mit mir zu sprechen, da ich nicht dazu da sei, mich von Gästen beschimpfen zu lassen, quittierte er mit den Worten: »Zu was sind Sie denn sonst da? Zum Schachspielen?«

Wann immer ich diesem Gast auf der weiteren Reise begegnete, überkam mich ein ungutes Gefühl. Ich versuchte also, ihm, wo immer möglich, aus dem Weg zu gehen. Das Ende meiner Konfrontationsverweigerung war, dass der Kunde sich so stark fühlte, dass er sich über mich beim Veranstalter beschwerte.

Für mich hatte diese Begebenheit zur Folge, dass ich über mein eigenes Verhalten nachzudenken begann. Ich hatte zwar nichts Unrechtes getan. Aber ich war meinem Gegner auch dann noch aus dem Weg gegangen, als dieser mir bereits seine wahren Absichten gezeigt hatte. Meine vermeintliche Wehrlosigkeit ließ ihn erstarken.

Warum aber, so begann ich mich zu fragen, scheute ich wie ein geschlagenes Tier jedes weitere Aufeinandertreffen mit dem Angreifer? Angst vor Konsequenzen war es jedenfalls nicht. Weder war ich von dem Job abhängig, noch würde ich jemals für jemanden arbeiten, der von seinen Mitarbeitern verlangt, sich auf diese Art behandeln zu lassen.

Die geschilderte Situation kommt Ihnen bekannt vor? Dann schreiben Sie bitte in Ihr Heft, warum Sie sich in einer ähnlichen Situation selbst geschwächt haben. Wie hätten Sie besser gehandelt?

Lassen Sie mich an dieser Stelle noch auf eine wichtige Falle hinweisen: Viele von uns unterliegen der Annahme, ein anderer Mensch habe uns dazu gebracht, einer Auseinandersetzung aus dem Weg zu gehen. Wäre es doch nur alleine nach Ihnen gegangen, wie anders hätte diese Situation doch geendet!

Selbstverständlich hätten Sie das mangelhafte Produkt, die kalte Suppe oder den unfreundlichen Service reklamiert! Wenn da nur nicht Ihre Begleitung gewesen wäre! Wo Menschen arbeiten, können Fehler passieren, hatte diese gemeint, und dass Sie doch nicht so kleinlich sein sollen ... Verstehen Sie, worauf ich hinausmöchte? Bereits im »Shaolin-Prinzip« habe ich geschrieben, dass die Vorstellung, andere Menschen könnten uns manipulieren, ein teurer Denkfehler ist. So verhält es sich auch in diesem Fall.

Denn die Entscheidung, bewusst etwas Mangelhaftes
zu akzeptieren, um einer Konfrontation aus dem Weg zu gehen,
treffen am Ende Sie alleine.

7. Ertrage Konfrontation

Vielleicht tragen Sie die Erinnerung an die Auseinandersetzung noch eine lange Zeit mit sich herum. Aber vergessen Sie den Gedanken, manipuliert worden zu sein.

Wenn es Ihnen aber nicht gelingt, die Entscheidung zu treffen, die Sie eigentlich treffen möchten, dann akzeptieren Sie das. Haken Sie die Begebenheit ab, und wenden Sie sich bewusst dem Nächsten zu. Andernfalls wird es Ihnen ergehen wie jemandem, der Rückenschmerzen hat, aber nicht die Kraft aufbringt, dagegen anzugehen. Da ihm das aufrechte Gehen Schmerzen verursacht, wird er mit etwas Pech den Rest seines Lebens gebückt gehen, was zu weiterem Leiden führt.

Generell scheint es mir keine gute Idee, sich von äußeren Bedingungen kontrollieren zu lassen. Ich meine damit, dass es keinen Grund gibt, auf jene Art zu reagieren, die Ihr Gegenüber sich wünscht oder erwartet. Auf eine Provokation hin nicht auf die vom Gegner vorgesehene Art zu reagieren bedeutet noch lange nicht, der Konfrontation aus dem Weg zu gehen. Weiter gedacht bedeutet das dann, dass auch zu einem Streit immer zwei gehören: einer, der herausfordert, und einer, der annimmt. Auch wenn Ihnen nun Ihre Emotion naturgemäß dazu rät, auf jede Provokation zu reagieren, auch auf die Gefahr hin, damit die Aggression anzuheizen: Wer sagt, dass Sie so handeln müssen?

Oft kann man nämlich einen Kampf schon alleine dadurch gewinnen, dass man sich der Konfrontation stellt, ohne die Herausforderung zum Kampf anzunehmen.

Eines Tages, so erzählt man sich in Shaolin, kam ein junger Schwertkämpfer zu einem Meister, der bis dahin un-

7. Ertrage Konfrontation

besiegt gewesen war. Fest entschlossen, den großen Meister zu bezwingen, nahm er sich vor, den ersten Schlag seines Gegners abzuwarten und diesem dann mit blitzartiger Geschwindigkeit einen Stoß zu versetzen. Bisher war noch kein Gegner über den ersten Schlag hinausgekommen. Ohne auf den Rat seiner besorgten Schüler zu hören, akzeptierte der alte Meister die Herausforderung zum Kampf. Beide gingen in Stellung, und der junge Krieger begann, den Meister wüst zu beschimpfen, bewarf ihn mit Schmutz und spuckte ihm ins Gesicht. Stundenlang ereiferte er sich, erging sich in den schlimmsten Flüchen und Beleidigungen. Doch der Meister stand nur bewegungslos da. Schließlich hatte sich der junge Krieger verausgabt. Er sah ein, dass er geschlagen war, und zog beschämt von dannen. Enttäuscht, weil ihr Meister den überheblichen Herausforderer nicht zurechtgewiesen hatte, versammelten sich seine Schüler um ihn und baten um eine Erklärung. »Meister, wie konntet Ihr solch eine Schmach über Euch ergehen lassen? Und wie kam es, dass er ohne zu kämpfen von dannen zog?« – »Wenn jemand kommt, um dir ein Geschenk zu geben, und du nimmst es nicht an«, antwortete der Meister, »wem gehört dann das Geschenk?«

Schreiben Sie bitte die letzten fünf Situationen in Ihr Heft, in denen Sie ein Geschenk angenommen haben, das Sie besser dem Gegner gelassen hätten. Notieren Sie bitte auch, wie Sie sich hätten verhalten müssen, um das zu tun, und warum Sie sich entschieden haben, das Präsent doch anzunehmen.

Zusammenfassend lässt sich sagen:

7. Ertrage Konfrontation

*Konfrontation zu ertragen bedeutet zwar,
niemandem die Kontrolle über das eigene Verhalten
oder das eigene Wohlbefinden zu geben.
Umgekehrt meint es aber nicht, dass wir auf alles
mit einer Handlung reagieren müssen.*

Trotz allem sollte an dieser Stelle eines klar sein:

Jede Konfrontation ist eine Art des Kampfes.

Dass es da vor allem am Anfang manchmal zu Blessuren und kleinen Verletzungen kommt, sollte sich von selbst verstehen. Für viele Menschen scheint es daher eine attraktive Alternative zu sein, sich von ihrer Umwelt abzuschotten. Lasse ich niemanden an mich heran, so die Überlegung, dann kann mich auch niemand mehr verletzen. Klingt gut, ist es aber nicht. Oder würden Sie nie wieder etwas essen und trinken, nur um einer Lebensmittelvergiftung vorzubeugen? Natürlich nicht. Schließlich würden Sie verhungern. Gleiches gilt auch für Ihren Geist.
Trotzdem muss diese Offenheit gezielt eingesetzt sein und klare Grenzen haben. Anderen Menschen Grenzen zu setzen, das klingt nach Konfrontation. Das kann es auch tatsächlich sein, vor allem dann, wenn die Grenzen aus Angst vor Gegenwehr nicht klar genug kommuniziert werden und Ihr Gegenüber bemerkt, dass es einen Spielraum gibt.

*Wer feststellt, dass Sie Konfrontation scheuen,
wird genau diese suchen.*

7. Ertrage Konfrontation

Hier hilft es, Grenzen nicht als Einschränkung, sondern als das bewusste Gewähren von Freiraum zu sehen, einem Freiraum, in dem die anderen sich gefahrlos bewegen können.

Wie ich schon im »Tao der Erziehung« geschrieben habe, hat ohnehin niemand grundsätzlich ein Problem damit, Grenzen gesetzt zu bekommen. Dafür gibt es auch zu viele. So haben Sie bestimmt noch nie versucht, einen Raum durch die Wand zu verlassen? Da nehmen Sie dann doch lieber die Tür. Problematisch werden Grenzen erst dort, wo es uns nicht möglich ist, sie wahrzunehmen. Daher macht viele die Tatsache aggressiv, im Dunklen die Tür nicht zu finden.

Gelingt es Ihnen aber umgekehrt, Ihre Grenzen angstfrei und klar zu definieren und zu kommunizieren, werden Sie mit erfreutem Erstaunen feststellen, wie anders Ihre Umwelt plötzlich auf Sie reagiert.

Dennoch fürchten viele, das Setzen von Grenzen könne zum Verlust von Freundschaft und Zuwendung führen. Falls Sie das so sehen, sollten Sie nicht nur das Kapitel über Verlustangst noch einmal lesen, sondern sich Folgendes überlegen: Sie kennen doch sicher diese Menschen, die sich nicht trauen, für ihre Leistung Geld zu verlangen. Vor lauter Angst, jemanden mit der Forderung nach einer Gegenleistung vor den Kopf zu stoßen und dadurch Konfrontation ertragen zu müssen, arbeiten sie kostenlos, wo immer sie außerhalb des beruflichen Umfelds um Unterstützung gebeten werden. Mit nichts sind sie dazu zu bringen, einen Preis für ihre Leistung zu nennen.

7. Ertrage Konfrontation

Das klingt nett, ist es aber überhaupt nicht. Schauen wir uns nämlich einmal die andere Seite an, ergibt sich plötzlich ein ganz anderes Bild. Benötige ich die Hilfe nur ein einziges Mal, freue ich mich über das Gratisangebot. Wahrscheinlich auch noch beim zweiten Mal. Was aber, wenn ich die Unterstützung fünf-, zehn- oder vielleicht sogar zwanzigmal benötige? Dann bleibt mir nichts anderes übrig, als mir jemand anderen dafür zu suchen. Nicht etwa, weil ich mit der Leistung unzufrieden wäre. Sondern allein deswegen, weil jemand nicht bereit ist, mich mit Grenzen zu konfrontieren, innerhalb derer auch ich mich wohl fühle. Weiß ich nämlich, dass ich Betrag X als Gegenleistung zu erbringen habe, kann ich die Leistung ohne schlechtes Gewissen beziehen, sooft ich sie brauche, und habe nicht das Gefühl, erklären zu müssen, warum ich schon wieder da bin.

Schreiben Sie bitte in Ihr Heft auf eine neue Seite untereinander die fünf wichtigsten Bereiche, in denen Sie keine Grenzen ziehen, weil Sie eine mögliche Konfrontation scheuen. Daneben notieren Sie jeweils, wo genau diese Grenze ab sofort verläuft, woran Sie erkennen, dass jemand sie überschreitet, und was Sie in diesem Fall zu tun beabsichtigen.

Am besten wäre es, das angstvolle Kriechen zu beenden, Konfrontation zu ertragen und die Herrschaft über das Leben wieder in die eigenen Hände zu nehmen.

ÜBUNGEN

Die folgenden Fragen sollen Ihnen helfen, Ihr eigenes Konfrontationsverhalten zu verstehen.

Wo liegt der Unterschied zwischen Konfrontation und Kampf?
....

Kann man eine Konfrontation verlieren?
....

Haben Ihre Leistungen einen klaren Preis?
....

Wie kommunizieren Sie Ihre Grenzen?
....

Fürchten Sie Konfrontation im Allgemeinen oder nur bei manchen Menschen?
....

Warum gerade bei diesen?
....

Welche Konsequenzen kann es haben, wenn Sie einen angreifenden Tiger konfrontieren?
....

Was passiert, wenn Sie die Konfrontation verweigern?
....

*Auf der ganzen Welt
gibt es nichts Weicheres und
Schwächeres als das Wasser.
Und doch in der Art,
wie es dem Harten zusetzt,
kommt ihm nichts gleich.
Es kann durch nichts verändert
werden. Dass Schwaches das
Starke besiegt und Weiches
das Harte besiegt, weiß
jedermann auf Erden,
aber niemand vermag
danach zu handeln.*

(Laozi)

8. Weiche vor Druck

Bei sich abzeichnender völliger Aussichtslosigkeit
ist rechtzeitiges Weglaufen die beste Methode.
(aus China)

Lerne, Druck nicht mit Gegendruck, sondern mit Nachgeben zu begegnen

Haben Sie Lust, mit mir zu zaubern? Ich würde Ihnen gerne einen Trick zeigen, den ich als Kind gelernt habe. Er ist nicht schwierig, und man benötigt auch weder Technik noch irgendwelche Utensilien, da er auf einem simplen Naturgesetz beruht. Gut wären zwei Freiwillige, aber zur Not funktioniert der Trick mit Ihnen allein. Sind Sie bereit? Dann bitten Sie einen der Freiwilligen, auf einem Stuhl Platz zu nehmen und sich die flache Hand auf den Kopf zu legen. Führen Sie nun Ihren Zeigefinger unter sein Handgelenk, und heben Sie ihm vorsichtig die Hand vom Kopf. Das sollte ohne jeden Widerstand funktionieren. Jetzt zaubern Sie die Hand fest. Murmeln Sie einen speziellen Zauberspruch, und erklären Sie feierlich, dass die Hand von nun an am Kopf befestigt sei. Fordern Sie den zweiten Freiwilligen auf, das Handgelenk des Sitzenden von oben mit Daumen und Zeigefinger zu umfassen und zu versuchen, die festgezauberte Hand vom Kopf wegzuheben. Weisen Sie unbedingt darauf hin, dass seitliches Ziehen nicht gestattet ist. Zum großen Erstaunen aller Beteiligten wird es nicht gelingen. Erst nachdem Sie den Zauber mit einem

8. Weiche vor Druck

speziellen Spruch aufgehoben haben, lässt sich die Hand wieder mit sanftem Druck von unten vom Kopf lösen.
Probieren Sie diesen Trick bitte aus, bevor Sie weiterlesen. Fertig? Dann schreiben Sie in Ihr Heft, welches Naturgesetz Sie dahinter vermuten.
Wie Sie wahrscheinlich zu Recht annehmen, ist es das alte Prinzip des Gegendrucks.

Jeder Druck erzeugt automatisch Gegendruck.
Die Grundlage jeder Provokation.

Nun gibt es hier vielleicht ausnahmsweise einen Punkt, an dem selbst Tiger etwas von uns Menschen lernen könnten.

Dank unseres Bewusstseins ist es uns nämlich möglich,
diesen Automatismus gezielt zu deaktivieren.

Das erfordert zwar anfangs etwas Übung, geht aber dann ganz gut. Wenn man überlegt, dass das sinnlose Aufbauen von Gegendruck reine Energieverschwendung ist, erscheint diese Fertigkeit durchaus praktisch. Welchen Vorteil könnte es denn bringen, die Hand wie ein Verrückter an den Kopf zu pressen? Ich zumindest finde keinen.

Und welchen Vorteil bringt es, auf belanglose Brüskierungen
mit Aggression zu reagieren?

Auch keinen. Sie schwächen sich nur selbst.
Dieser Gegendruck, den wir aufbauen, zeigt sich meistens in der Gestalt von Zorn. Nun können wir das Entstehen

8. Weiche vor Druck

von Emotionen nicht verhindern. Aber, und das ist die gute Nachricht:

Es liegt allein in uns selbst, ob wir Gefühlen erlauben, die Kontrolle über unser Handeln zu übernehmen und uns dadurch unnötig Kraft zu rauben.

Diese Fähigkeit unterscheidet uns Menschen von den Tieren.
Ein Hund beispielsweise muss auf jede Provokation reagieren. Er kann sich nicht denken: »Das habe ich jetzt gerade nicht gehört.« Ein Hund muss angreifen, gleichgültig, wie viel Kraft er dadurch verliert.
Eine besonders kraftsparende Methode, auf bestimmte Angriffe zu reagieren, haben die Chinesen entwickelt. Sie nennen es »Wu Wei«, was auf Deutsch so viel wie »Handeln durch Nicht-Handeln« bedeutet. Gemeint ist, einem Angriff ganz gezielt nichts entgegenzusetzen und ihn damit seiner Energie zu berauben.

Denn wo Druck keinen Gegendruck vorfindet, geht jeder Angriff ins Leere.

So erzählt man sich, dass Zen-Meister Hakuin von seinen Nachbarn als einer gepriesen wurde, der ein reines Leben führt. In seiner Nähe wohnte ein junges Mädchen, dessen Eltern ein Lebensmittelgeschäft besaßen. Eines Tages entdeckten ihre Eltern, dass sie schwanger war, und wurden sehr böse. Das Mädchen aber wollte nicht gestehen, wer der Vater des Kindes war. Erst nach langem Drängen nannte sie schließlich Hakuin. Verärgert gingen die Eltern zum

8. Weiche vor Druck

Meister. »So?«, war alles, was dieser zu sagen hatte. Nachdem das Kind geboren war, brachte man es zu Hakuin. Er hatte seinen guten Ruf verloren, was ihm jedoch keine Sorgen machte, und er kümmerte sich in bester Weise um das Kind. Von seinen Nachbarn erbettelte er Milch und alles, was das Kleine benötigte. Ein Jahr später hielt es die junge Mutter nicht länger aus. Sie erzählte ihren Eltern die Wahrheit, dass der echte Vater ein junger Mann sei, der auf dem Fischmarkt arbeite. Die Mutter und der Vater des Mädchens gingen wieder zu Hakuin und baten ihn um Verzeihung; sie entschuldigten sich wortreich und wollten das Kind wiederhaben. Hakuin war einverstanden. Er übergab ihnen das Kind, und alles, was er sagte, war: »So?«

Nun hätte Meister Hakuin sich natürlich auf einen sinnlosen Streit einlassen können. Aber das hätte sowohl ihm als auch dem Kind wohl nur geschadet.

Auch die Erzählung mit dem Geschenk aus dem vorigen Kapitel ist ein gutes Beispiel dafür, wie Wu Wei funktionieren kann.

Sie müssen nicht jede Herausforderung annehmen.

Manchmal ist es einfacher, den Gegner sprichwörtlich am ausgestreckten Arm verhungern zu lassen.

Wichtig dabei ist, dass Sie die Entscheidung, auf einen Angriff nicht zu reagieren, immer ganz bewusst treffen.

Niemals darf das aus Angst geschehen, schon gar nicht, weil Sie ängstlich sind, es könnte zu einer Konfrontation kommen. Nur angstfrei kommuniziert, wird ein Gegner

Ihre bewusste Nicht-Reaktion als Antwort auf seine Herausforderung und nicht als Angstreaktion verstehen.

Weichen Sie dem Druck, so bieten Sie keine Angriffsfläche mehr.

Wahrscheinlich stellen Sie sich jetzt die Frage, wann nun eine aktive Reaktion erforderlich ist und wann man einen Angriff besser mit Nicht-Handeln pariert. Der Zorn über die Tatsache, dass jemand versucht, uns anzugreifen – oder wir zumindest glauben, dass dem so sei –, rät uns immer zum Gegendruck. Das ist nicht Ihr Fehler, das hat die Natur so eingerichtet. Ich persönlich habe mir angewöhnt, mir vor jeder Gegenreaktion die einfache Frage zu stellen: »Ist es das wert?« Probieren Sie es einmal aus. Sie werden mit Erstaunen feststellen, dass die Antwort fast immer ein klares »Nein« ist.

Hören Sie auf, Ihre Emotionen zu füttern, und sie werden ebenso schnell vergehen, wie sie gekommen sind.

Vor Druck zu weichen bedeutet aber noch lange nicht, sich alles gefallen zu lassen.

Es meint nur, sinnlosen Kämpfen aus dem Weg zu gehen. »Von allen Elementen sollte der Weise sich das Wasser zum Lehrer wählen«, schrieb ein chinesischer Gelehrter bereits vor über 800 Jahren. »Wasser gibt nach, aber erobert alles. Wasser löscht Feuer aus oder, wenn es geschlagen zu werden droht, flieht es als Dampf und formt sich neu. Wasser spült weiche Erde fort oder, wenn es auf Felsen trifft, sucht es einen Weg sie zu umgehen. Es befeuchtet die Atmosphäre, so dass der Wind zur Ruhe kommt. Wasser gibt Hindernissen nach, doch seine Demut täuscht, denn keine Macht kann verhindern, dass es seinem vorbestimmten Lauf zum Meere folgt. Wasser erobert durch Nachgeben, es greift nie an, aber gewinnt immer die letzte Schlacht.«

Lassen Sie mich dieses Prinzip an einem Beispiel illustrieren. Stellen Sie sich vor, eines Tages läutet bei Ihnen zu Hause das Telefon. Als Sie abheben, redet eine aggressive, drohende Männerstimme in einer Sprache auf Sie ein, die Sie nicht verstehen. Allein aus der Art zu sprechen und dem immer wieder vorkommenden Wortfetzen »Euro« verstehen Sie, dass der Anrufer von Ihnen Geld erpressen möchte. Einige Male weisen Sie ihn darauf hin, dass Sie seine Sprache nicht verstehen, doch der Anrufer redet immer schneller und eindrücklicher auf Sie ein. Was denken Sie wird passieren, wenn Sie dem Druck des Angreifers keinen Gegendruck entgegenbringen? Er wird nach einiger Zeit bemerken, dass er Sie nicht unter Druck setzen kann, entnervt auflegen und sich ein Opfer suchen, das ihn versteht.

Nun haben Sie in diesem Beispiel einfach deshalb richtig gehandelt, weil Ihnen nichts anderes übriggeblieben ist. Selbst wenn Sie Ihren Gegner hätten verstehen wollen, wäre es Ihnen nicht möglich gewesen. Genau dieses Prinzip gilt es nun bewusst anzuwenden. Das beginnt dort, wo Sie, wie schon gesagt, nicht immer alles hören oder verstehen müssen. Wenn Sie das nächste Mal das Gefühl haben, jemand spricht nur deshalb mit Ihnen, um Sie zu provozieren, dann stellen Sie sich einfach vor, der Betreffende rede in einer Sprache, derer Sie nicht mächtig sind.

In Shaolin geht man aber noch ein ganzes Stück weiter. Dort heißt es: Lerne, den Gegner als willkommenen Gast zu empfangen.

Das klingt eigenartig, ich weiß. Warum bitte sollte ein Angreifer ein Gast sein? Und ein willkommener noch dazu? Die Antwort ist einfach: Weil jeder Ärger nur zusätzliche Kraft und Energie kostet. Da Sie nicht verhindern können, was geschieht, nehmen Sie Einfluss darauf, wie Sie mit den Tatsachen umgehen.

Verschwenden Sie also keine zusätzlichen Emotionen an eine ohnehin schon unangenehme Situation.

Ihr Gegner dringt in Ihren Privatbereich ein, ob Ihnen das nun passt oder nicht. Aber nur wenn Sie entsprechend zornig auf diese Grenzverletzungen reagieren, erreicht er sein Ziel: Sie zu schwächen.

Auch hier gehen uns Katzen, die kleinen Verwandten des Tigers, mit gutem Beispiel voran. Wer schon einmal versucht hat, einer Katze etwas wegzunehmen, das sie verbotenerweise an sich gebracht hat, weiß, was ich meine. Sie können gar nicht so ernst und so böse sein, dass das Tier Ihren Ärger nicht als Spiel sieht und sich ganz offensichtlich über Sie lustig macht.

Notieren Sie bitte die letzten drei Situationen, in denen Ihnen diese Sichtweise Kraft und Emotionen gespart hätte, und schreiben Sie in Stichworten dazu, wie Sie das Ganze anders hätten sehen können.

Doch nicht immer sind es die berühmten anderen, die uns Druck machen. In den meisten Fällen tun wir das selbst.

8. Weiche vor Druck

So hatten wir bereits in einem der vorigen Kapitel über das Thema »Beeindrucken« gesprochen. Schon in dem Wort steckt, worum es geht. Es gehört zur Wortfamilie »Druck«. Druck, der sich in diesem Fall weniger auf andere als auf uns selbst bezieht. Schließlich sind wir es, die Eindruck machen möchten. Also setzen wir uns selbst unter Druck, in dem Glauben, es würde andere beeindrucken. Interessanterweise gehört der Wunsch, Eindruck zu machen, zu den Hauptgründen, aus denen wir unsere eigenen Werte verletzen, uns selbst und andere belügen und vieles tun, was wir selbst nicht für richtig halten. Wie sonst wäre es zu erklären, dass sich Menschen mit Krediten an Jobs fesseln, die sie eigentlich hassen, nur um etwas zu bezahlen, das sie allein deshalb brauchen, weil der Nachbar es auch hat? Und warum sonst würden viele ihre wahren Gefühle verdrängen, nur weil sie nicht schwach oder angreifbar erscheinen wollen?

Das Dumme an dieser Geschichte ist, dass auch Eindruck so etwas wie Gegendruck benötigt, um zu funktionieren. Lassen Sie mich das an einem Beispiel erklären. Angenommen, es ist Ihnen wichtig, in der Arbeit als jemand wahrgenommen zu werden, der sich besonders um das Wohl des Unternehmens sorgt. Als Sie auf eine Dienstreise geschickt werden, fahren Sie daher nicht wie die Kollegen in der ersten Klasse, sondern selbstverständlich in der zweiten. Doch als Sie bei der Abrechnung voller Stolz Ihren Chef darauf aufmerksam machen, dass Sie mit Ihrer Rücksicht dem Unternehmen bares Geld gespart haben, meint dieser nur achselzuckend: »Also von mir aus hätten Sie ruhig erste Klasse fahren können. Das Unternehmen kann sich das schon leisten!« Versetzen Sie sich bitte kurz in diese Situation. Wie geht es Ihnen? Schreiben Sie es auf.

8. Weiche vor Druck

Der Fehler dabei ist, das lehrt man auch in Shaolin, dass Menschen aus einer Erwartungshaltung heraus handeln.

Tue ich dieses, so denken sie, dann wird der andere jenes tun. Weitergedacht führt das aber dazu, dass viele Handlungen eine bestimmte Gegenreaktion erfordern. Schließlich fährt niemand zweiter Klasse, weil es bequemer ist. In Wirklichkeit geht es ausschließlich darum, dass wir nachher einen Dank hören wollen: »Da sind Sie aber der Einzige, der so auf das Unternehmen schaut! Hätten wir nur mehr solche Mitarbeiter!«

Erfüllt sich so eine Erwartung dann aber nicht, sind wir enttäuscht und leiden.

Notieren Sie bitte drei Situationen, in denen Ihnen so etwas passiert ist.
Erinnern Sie sich noch:

Wir können die Handlungen unserer Mitmenschen nicht beeinflussen und sind daher auch nicht für sie verantwortlich.

Wenn Sie nun aber die Dinge erwartungslos so nehmen, wie sie sind, bieten Sie erheblich weniger Angriffsfläche.

Wie leicht kann ein Mensch ausgenutzt werden, der bekanntlich sich selbst unter Druck setzt, weil er meint, ein bestimmtes Verhalten werde erwartet. Ein Beispiel: Ihnen sind mit Sicherheit die kostenlosen Proben im Supermarkt bekannt. Niemand sagt Ihnen, dass Sie im Gegenzug das

8. Weiche vor Druck

Produkt auch kaufen müssen. Warum tun Sie es trotzdem mit sehr großer Wahrscheinlichkeit?
Gleichgültig, in welcher Situation:

Unter Druck zu handeln führt selten zu einem guten Ergebnis.

In seinem Buch »Zen in der Kunst des Bogenschießens« beschreibt der deutsche Philosoph Eugen Herrigel, wie er damit umzugehen lernte. »Unterlassen Sie es doch, an den Abschuss zu denken«, rief der Meister aus. »So muss er misslingen!« – »Ich kann nicht anders«, erwiderte ich, »die Spannung wird geradezu schmerzhaft.« – »Nur weil Sie nicht wahrhaft losgelöst von sich selbst sind, spüren Sie es. Sie können von einem gewöhnlichen Bambusblatt lernen, worauf es ankommt. Durch die Last des Schnees wird es herabgedrückt, immer tiefer. Plötzlich rutscht die Schneelast ab, ohne dass das Blatt sich gerührt hätte. Verweilen Sie ihm gleich in der höchsten Spannung, bis der Schuss fällt. So ist es in der Tat: Wenn die Spannung erfüllt ist, muss der Schuss fallen, er muss vom Schützen abfallen wie die Schneelast vom Bambusblatt, noch ehe er es gedacht hat.«
Doch zurück zu Ihnen. Womit machen Sie sich den meisten Druck, und warum? Schreiben Sie es bitte auf und notieren Sie dazu, wie Sie das ab sofort ändern können.
Eine Methode kann ich Ihnen jedenfalls nennen, die hervorragend geeignet ist, sich selbst Druck zu machen: sich in etwas hineinzusteigern.

Es ist Ihnen vielleicht bekannt, dass unser Gehirn nicht in der Lage ist, zu unterscheiden, ob etwas Tatsache, Erinnerung oder nur Vorstellung ist. Die aufkommenden Emotionen sind in allen drei Fällen gleich. Es macht also keinen Unterschied, ob Ihr Partner Sie gestern verlassen hat, Sie sich nach 30 Jahren voller Sehnsucht an Ihre erste Liebe erinnern oder ob Sie träumen, Ihre Beziehung sei vor kurzem in die Brüche gegangen, obwohl Sie unverändert glücklich verheiratet sind. Der deutsche Liedermacher Matthias Reim bringt das Phänomen in einem seiner Lieder folgendermaßen auf den Punkt. »Gegenüber sitzt 'n Typ wie 'n Bär, ich stell' mir vor, wenn das dein Neuer wär', das juckt mich überhaupt nicht. Auf einmal packt's mich, ich geh' auf ihn zu und mach' ihn an: ›Lass' meine Frau in Ruh!‹ Er fragt nur: ›Hast du 'n Stich?‹«

Wer sich selbst derart unter Druck setzt, verliert in der Folge häufig die Kontrolle über das eigene Handeln und wird damit angreifbar.

So erzählte der Psychologe Paul Watzlawick die berühmt gewordene Geschichte von einem Mann, der ein Bild aufhängen möchte. Den Nagel hat er, nicht aber den Hammer. Der Nachbar aber hat einen. Also beschließt unser Mann, hinüberzugehen und ihn auszuborgen. Doch da kommt ihm ein Zweifel, und er beginnt, sich in den Gedanken hineinzusteigern, der Nachbar möge ihn nicht und werde ihm daher das Werkzeug auch nicht leihen. Am Ende reicht es ihm. Und so stürmt er hinüber, und noch bevor der Nachbar grüßen kann, schreit ihn unser Mann an: »Sie können Ihren Hammer behalten, Sie Rüpel!«
Schreiben Sie bitte ehrlich in Ihr Heft, wie Sie anstelle des Nachbarn reagiert hätten. Wären Sie dem Druck gewi-

8. Weiche vor Druck

chen? Oder hätten Sie sich auf einen sinnlosen Streit eingelassen? Auf eine Rechtfertigung?

Gebracht hätte Ihnen das jedenfalls nichts. Denn vor Druck zu weichen bedeutet nicht nur, zu wissen, dass stets das Weiche das Harte besiegt. Es heißt auch, danach zu handeln.

ÜBUNGEN

Sind Sie in der Lage, vor Druck zu weichen? Die Beschäftigung mit folgenden Fragen soll Ihnen dabei behilflich sein.

Ist Weglaufen ein Zeichen von Schwäche?

....

Gibt es so etwas wie sinnvollen Kampf?

....

Womit kann man Sie am effizientesten unter Druck setzen?

....

Was werden Sie ab sofort dagegen tun?

....

Woran erkennen Sie, dass Sie sich in etwas hineinsteigern?

....

Wann fällt Ihnen das Zurückweichen besonders schwer?

....

Der Weise ist wie
*   der Bogenschütze.*
Dieser nimmt zuerst
*   die richtige Stellung ein*
und schnellt dann den Pfeil ab.
*   Wenn er trotzdem*
*   das Ziel nicht erreicht,*
so gibt er nicht anderen
*   die Schuld, sondern sucht*
*   den Fehler bei sich.*

(Mengzi)

9. Bewahre dir Demut

Demut heißt, sich nicht vergleichen.
(Dag Hammarskjöld)

Lerne zu akzeptieren, dass es im Leben Dinge gibt, die selbst die größte Kraft nicht zu ändern vermag

Vielleicht sind Sie erstaunt, in einem Buch über eigene Werte und innere Kraft ein Kapitel über Demut zu finden. Widerspricht denn Demut nicht geradezu der Idee, an sich zu glauben und zu nutzen, was in einem angelegt ist? Nein, im Gegenteil.

Richtig verstanden hat Demut nichts mit Unterwürfigkeit zu tun, sondern allein damit, Gegebenheiten zu akzeptieren, ohne sie zu werten.

Wer den Weg des Tigers gehen möchte, muss lernen anzunehmen, dass die Dinge sind, wie sie eben sind. Ohne Wenn und Aber.
So erzählt man sich in Shaolin, dass am Strand eines Meeres drei alte Mönche wohnten. Die drei waren so weise und fromm, dass jeden Tag ein kleines Wunder geschah. Wenn sie am Morgen ihre Andacht verrichtet hatten und zum Baden gingen, hängten sie ihre Mäntel in den Wind. Und die Mäntel blieben im Wind schweben, bis die Mönche wiederkamen, um sie zu holen. Eines Tages, als sie sich wieder in

9. Bewahre dir Demut

den Wellen erfrischten, sahen sie einen großen Seeadler übers Meer fliegen. Plötzlich stieß er auf das Wasser herunter, und als er sich wieder erhob, hielt er einen zappelnden Fisch im Schnabel. Der eine Mönch sagte: »Böser Vogel!« Da fiel sein Mantel aus dem Wind zur Erde nieder, wo er liegen blieb. Der zweite Mönch sagte: »Du armer Fisch!« Auch sein Mantel löste sich und fiel auf die Erde. Der dritte Mönch sah dem enteilenden Vogel nach, der den Fisch im Schnabel trug. Er sah ihn kleiner und kleiner werden und endlich im Morgenlicht verschwinden. Der Mönch schwieg, und sein Mantel blieb im Winde hängen.

Auf das tägliche Leben umgedeutet:

Demut heißt, selbst das hinzunehmen, was uns nicht passt, wenn wir es nicht ändern können.

Kurz: Es heißt, sich um die eigenen Angelegenheiten zu kümmern. Eine Fähigkeit, über die meiner Meinung nach gerade viele Asiaten in besonderer Weise verfügen. Europäer hingegen möchten in der Hauptsache sicherstellen, dass alle anderen alles richtig machen. Dafür sind sie bereit, eine Menge Lebenszeit und Energie zu investieren.

So richtig bewusst wurde mir dieser kulturelle Unterschied, als ich vor einigen Jahren in Thailand in einem öffentlichen Fernbus unterwegs war. Wie üblich hielten wir für die Mittagspause an einem Busbahnhof, und drei ausnehmend hübsche Stewardessen, bekleidet mit Uniform-Minirock und Highheels stiegen ein, um das Essen zu servieren. Obwohl ich es besser hätte wissen müssen, gebe ich zu, dass ich leicht verwundert war, als eine der Damen mich mit männlich tiefer Stimme fragte, ob ich denn etwas zu trinken

9. Bewahre dir Demut

wünsche. Tatsächlich war ich weniger erstaunt darüber, dass da eine transsexuelle Busbegleiterin zugestiegen war – Transsexualität ist in Thailand weithin akzeptiert. Das war mir seit langem bekannt. Der Europäer in mir aber konnte sich der Vorstellung nicht erwehren, wie man in Österreich oder Deutschland auf einen Mann reagieren würde, der sich als Busbegleiterin bewirbt. Gewiss bekäme er daraufhin nicht mit dieser Selbstverständlichkeit Minirock und Stöckelschuhe ausgehändigt. Als ich einmal einen Asiaten darauf ansprach, meinte dieser nur achselzuckend: »Na ja, wenn er – äh sie – es so will, warum nicht?«

Nehmen Sie bitte Ihr Heft zur Hand. Schreiben Sie untereinander die letzten drei Situationen auf, in denen Sie sich über jemanden geärgert haben, der sich Ihrer Ansicht nach nicht korrekt oder zu auffällig verhalten hat. Vielleicht hatte jemand lila Haare oder wurde in Ihrer Gegenwart ohne gültigen Fahrausweis erwischt. Oder jemand hat bei Rot eine Straße überquert. Notieren Sie daneben jeweils, wie viele Minuten Ihrer Lebenszeit Sie dieser Ärger gekostet hat. Zum Schluss machen Sie ein großes Pluszeichen neben alle Minuten, von denen Sie meinen, der Ärger habe Ihr Leben bereichert, habe sich also für Sie gelohnt. Neben alle anderen Einträge, die ja nichts anderes bedeuten als völlig sinnlos vertane Zeit, schreiben Sie ein fettes Minus.

Wie gefällt Ihnen die Bilanz? Haben Sie eigentlich schon einmal einen Tiger gesehen, der sich über etwas ärgert, das ihm völlig egal sein kann? Ich nicht.

Wie so vieles beginnt Demut aber nicht bei den anderen, sondern immer bei uns selbst.

9. Bewahre dir Demut

Wie sollten wir in der Lage sein, andere Menschen zu akzeptieren, wenn wir uns nicht dankbar als den Menschen annehmen können, der wir nun einmal sind?

Echte Demut bedeutet, weder auf die eigenen Stärken noch auf die Schwächen zu starren.

Auch dies wäre verschenkte Lebenszeit und beraubte uns der Möglichkeit, uns selbst unvoreingenommen anzunehmen.

Wir sind aufgefordert, ein wertungsfreies Bewusstsein unseres eigenen Selbst zu erlangen.

Einer Legende nach gab es im Zen-Garten in der Stadt Kyoto eine Sandfläche, auf der sechzehn Felsbrocken verteilt waren. Als der Gärtner sein Werk vollendet hatte, ließ er den Kaiser rufen, damit dieser es sich ansah. »Großartig!«, rief der Kaiser aus. »Dies ist der schönste Garten in ganz Japan. Und dieser dort ist der schönste Stein im ganzen Garten.« Sofort entfernte der Gärtner den Stein, der dem Kaiser so gefallen hatte. »Erst jetzt ist der Garten vollkommen«, sagte er. »Erst jetzt, wo nichts mehr hervorsticht, vermittelt sein Anblick wahre Harmonie. Ein Garten ist wie das Leben. Es muss in seiner Gesamtheit gesehen werden. Wenn wir uns von der Schönheit eines Details gefangennehmen lassen, wird uns der Rest hässlich erscheinen.«

Aus genau diesem Grund halte ich auch die weitverbreitete, wertende Unterteilung menschlicher Eigenschaften in »Stärken« und »Schwächen« für recht gefährlich.

9. Bewahre dir Demut

Ist es denn eine Schwäche des Tigers, dass er nicht fliegen kann?
Oder ist das einfach eine Tatsache?

Bei uns Menschen führt dieses verkrampfte Einteilen tatsächlich zu einem von möglichen Gegnern erwünschten Effekt: Wir führen in unserem Kopf Listen, um uns zu bewerten. Was vermeintlich von der Gesellschaft gefordert ist, steht im Widerspruch zu allem anderen, eben dem, was in der allgemeinen Gunst gerade nicht so hoch im Kurs steht. Anschließend wird verglichen. Und seltsamerweise scheinen wir das schlechte Ergebnis regelrecht zu erwarten. Wir hatten es doch gewusst, dass wir keinem das Wasser reichen können. Schon haben wir einen neuen Grund gefunden, uns selbst herunterzumachen.

Auch wenn diese Technik weit verbreitet ist: Lassen Sie die Finger davon. Und halten Sie sich fern von den Menschen, die Sie dazu bringen möchten, sie anzuwenden.

Was bezweckt man eigentlich damit, so frage ich mich, wenn man einen Bewerber beim Einstellungsgespräch nach seinen Schwächen fragt? Soll er sich selbst kleinmachen? Ginge es wirklich um eine realistische Selbsteinschätzung, würde ja die einfache Bitte genügen, sich selbst zu beschreiben.

Wer dieses Prinzip einmal verinnerlicht hat, kann es sich sparen zu überlegen, wie man aus vermeintlichen Schwächen vermeintliche Stärken machen kann. Natürlich könnte man dem Tiger sagen, es sei nicht so schlimm, dass er nicht fliegen kann. Schließlich sei er ohne Flügel doch viel wendiger! Aber denken Sie ernsthaft, dass einen Tiger so etwas interessiert?

Lassen Sie uns zum Thema Selbstbewusstsein zurückkom-

9. Bewahre dir Demut

men. Aus mir unerfindlichen Gründen wird dieses Wort häufig missverstanden. Ein selbstbewusster Mensch, so denken viele, könne sich einreden, selbst in Bereichen der Beste zu sein, von denen er keine Ahnung hat. Das wäre dann allerdings nicht Selbstbewusstsein, sondern schlicht Selbstüberschätzung. Ein kleiner, aber im Ernstfall durchaus tödlicher Unterschied. Nicht nur für Tiger.

Für mich bedeutet Selbstbewusstsein, zu erkennen, was man kann und was man nicht kann, und beides emotionsfrei und nüchtern als Tatsachen anzunehmen.

Dann ist man sich im wahrsten Sinne des Wortes seiner selbst bewusst. Das ist in vielen Fällen schwieriger, als es scheint. Wir freuen uns – zu Recht – über unser Können, doch der Frust über ein Nicht-Können wiegt meist schwerer.

Auf Reisen beobachte ich Touristen, die Einheimische belächeln, wenn diese mit viel Mühe versuchen, sich in der Sprache des Gastes auszudrücken. Ja, sie ist schwierig, unsere Sprache. Mit ein bisschen Demut wüsste man schnell, wer der eigentlich Überlegene ist. Denn in den meisten Fällen handeln ausgerechnet die Touristen so, die nicht einmal in der Lage sind, in der Sprache des Gastlands auch nur »danke« zu sagen.

Demut hieße hier wirklich Bescheidenheit und die Fähigkeit, zu erkennen, wo es Verbesserungsbedarf gibt.

Der Komponist Ludwig van Beethoven hat einmal gesagt: »Sich selbst darf man nicht für so göttlich halten, dass man seine eigenen Werke nicht gelegentlich verbessern könnte.«

Beethoven bringt damit auf den Punkt, wie sich eine äußerst aggressive Angriffstechnik effizient ausschalten lässt. Bestimmt ist es Ihnen bekannt, dass die schnellste Methode, einen Menschen unschädlich zu machen, darin besteht, ihm einzureden, er sei perfekt. Der derart Geadelte entwickelt sich von diesem Zeitpunkt an, wenn überhaupt, nur noch schleppend weiter.

Wer sich angewöhnt, die eigenen Fähigkeiten selbst stets als verbesserungswürdig zu erkennen, wird nicht in diese Falle gehen.

Aus diesem Grund bin ich auch ein heftiger Gegner des sich Schönredens unschöner Dinge. Selbst wenn diese Denkweise vordergründig manches erträglicher macht, bezahlt man am Ende die Rechnung.

Schönrederei verhindert mit großer Zuverlässigkeit jede Veränderung.

Nehmen wir nur einmal an, Sie hätten sich eine neue Hose gekauft. Zu Hause angekommen, stellen Sie beim Auspacken fest, dass die Hose einen Fehler hat. Prompt reden Sie sich ein, dass gerade dieser Fehler Ihre Hose individuell und daher besonders macht. Wer sonst hat so eine Hose?! Wenn es Sie glücklich macht, dann bitte. Aber ist Ihnen auch die Konsequenz Ihres Handelns klar? Wie der angekettete Elefant oben im Buch werden Sie garantiert nichts

9. Bewahre dir Demut

tun, um den Missstand zu beheben. Wozu denn auch? Wo es keinen Fehler gibt, gibt es, wie schon gesagt, auch nichts zu verändern.

Besonders anfällig für Selbstmanipulation sind alle, die sich selbst nicht eingestehen können, einen Fehler gemacht zu haben.

Schließlich hätten Sie die Hose ja schon vor dem Kauf kontrollieren können, was Sie aber nicht getan haben.

Demut hat auch viel damit zu tun, Verantwortung für das eigene Handeln zu übernehmen.

Wie schon in einem der vorigen Kapitel erwähnt, ist das aber die wichtigste Voraussetzung, um überhaupt etwas verändern zu können. Wofür Sie sich nicht verantwortlich fühlen, das liegt auch nicht in Ihrem Einflussbereich.

Wider besseres Wissen sind wir jedoch ständig versucht, die Ursache für unsere Fehler bei anderen Menschen zu suchen und diese ändern zu wollen.

Was nicht funktionieren kann, da es nun einmal gegen die Gesetze der Natur ist. Lernen Sie hier vom Tiger.

Hat ein Tiger keinen Erfolg bei der Jagd, weiß er, dass er etwas ändern muss – und zwar nicht seine Beutetiere, sondern die eigene Technik.

Notieren Sie bitte die letzten drei Gelegenheiten, bei denen Sie die Ursache Ihres Scheiterns bei anderen gesucht haben.

9. Bewahre dir Demut

Bitte schreiben Sie daneben, aus welchem Grund Sie wirklich gescheitert sind.

Demut bedeutet, sich eines Urteils über andere zu enthalten.

Ein achtsamer Kämpfer, so lehrt man in Shaolin, erwartet von seinem Gegner weder das Beste noch das Schlechteste. Er erwartet überhaupt nichts und ist daher in jedem Augenblick bereit, den Gegner so anzunehmen, wie dieser ihm entgegentritt.

Interessanterweise ist es gerade die menschliche Illusion, wir könnten alles und jeden bewerten und kategorisieren, die für viele vermeidbare Probleme verantwortlich ist. Wir geraten nur dann in eine Falle, wenn wir nicht daran denken oder nicht wahrhaben wollen, dass es eine geben könnte. Kein Tiger aber erwartet, von allen Kreaturen geliebt zu werden. Genauso wenig übrigens nimmt er an, alle Geschöpfe könnten ihn hassen.

Was Tiger stark macht ist die Fähigkeit, erwartungslos und wertungsfrei auf jede Situation zuzugehen und sich innerhalb von Augenblicken auf sie einzustellen.

An der Idee der Demut fasziniert mich besonders, dass sie uns frei macht von allen Erwartungen. Antoine de Saint-Exupéry hat einmal gesagt: »Das, worauf es ankommt, können wir nicht vorausberechnen. Die schönste Freude erlebt man immer da, wo man sie am wenigsten erwartet.« Und man erzählt sich, dass Paul Cézanne über 35 Jahre lang unbeachtet für sich lebte und Meisterwerke malte, die er seinen nichtsahnenden Nachbarn schenkte. Er liebte sei-

9. Bewahre dir Demut

ne Arbeit so sehr, dass er keinen Gedanken und keine Zeit darauf verwendete, Anerkennung zu suchen. Nie wäre ihm der Gedanke gekommen, einmal als der Vater der modernen Malerei zu gelten. Er wollte einfach nur malen. Seinen ersten Ruhm verdankte Paul Cézanne einem Pariser Kunsthändler, der zufällig seine Bilder sah und sie in einer ersten Cézanne-Ausstellung der Kunstwelt präsentierte. Mit welchem Erstaunen diese Bilder aufgenommen wurden! Und doch: Der Maler selbst war zumindest genauso überrascht. Auf den Arm seines Sohnes gestützt, betrat er die Ausstellung und konnte sein Erstaunen nicht verbergen, als er dort seine Bilder sah. Er wandte sich zu seinem Sohn und sagte: »Sieh, man hat sie gerahmt.«

In dem Maß minimieren sich unsere Erwartungen an uns selbst, in dem wir unseren Fähigkeiten mit Demut begegnen. Sie sind keine Selbstverständlichkeit.

Dann wird einem plötzlich klar, warum wir nicht ständig versuchen sollten, etwas zu lernen, was wir nicht können, statt echte Meisterschaft in dem zu erlangen, in dem wir bereits gut sind.
Warum ich das sage?

Es wäre doch schade, wenn man am Ende in vielen Dingen Mittelmaß ist, aber nichts wirklich gut kann.

Oder?
Machen Sie bitte in Ihrem Heft zwei Spalten. In die linke Spalte schreiben Sie untereinander die fünf wichtigsten Fähigkeiten, die Sie als Mensch mitbekommen haben. An-

schließend notieren Sie rechts, was Sie tun wollen, um auf diesem Gebiet noch besser zu werden.

Verstehen Sie mich bitte nicht falsch. Es geht nicht darum, in einem Bereich ein Fachidiot zu werden. Genauso wenig möchte ich Sie auffordern, nicht in den Bereichen aufzuholen, in denen Sie schwach sind. Ich möchte Sie lediglich davor bewahren, vor lauter Beschäftigung mit der Frage, wie Sie Ihre »Schwächen« ausmerzen können, das zu vernachlässigen, was wirklich in Ihnen steckt. Auch ein Tiger, der gelernt hat, Jungtiere zu erlegen, wird nicht versuchen, fliegen zu lernen, sondern sich lieber an größere Beutetiere heranwagen.

Wenn Sie jedoch mit ähnlichen Überzeugungen groß geworden sind wie ich, werden Sie sich fragen, wo denn das Problem ist. Man kann doch einfach doppelt so viel leisten und wo immer möglich an sein Limit gehen! Das tun alle anderen auch. Ist es wirklich so?

Bitte machen Sie sich klar, dass es gefährlich ist, immer noch ein Stück weiter gehen zu wollen. Denn irgendwo, und das sollte jedem klar sein, gibt es eine Grenze. Und dann ist tatsächlich Schluss. Was aber wollen Sie tun, wenn Sie bereits an den Grenzen Ihrer Leistungsfähigkeit angekommen sind und nun plötzlich für etwas neue Kraft brauchen? Wenn Sie mit ganzer Kraft handeln müssen, und nicht nur mit der verbliebenen Restkraft?

Begegnen Sie auch der Endlichkeit Ihrer Ressourcen mit Demut.

Und was die anderen angeht, die dazu nicht bereit sind: Hören Sie einfach auf, sich mit ihnen zu vergleichen.

ÜBUNGEN

Folgende Fragen sollen Sie dabei unterstützen, sich in allen Situationen Demut zu bewahren.

Was wollen Sie unbedingt ändern, was nicht zu ändern ist? Warum?
....

Ist es Ihnen wichtig, was andere Menschen tun?
....

Weshalb schätzen so viele Menschen Konformität?
....

Auf welchem Gebiet zählen Sie zu den Besten?
....

Wie können Sie dort noch besser werden?
....

Was erlauben Sie sich im Augenblick ganz bewusst, nicht zu können?
....

Hat ein Tiger Charakterschwächen?
....

*Jeder Mensch verfolgt
einen Traum in seinem Leben.
Entweder den eines
anderen oder seinen eigenen.
Gib acht, dass du deinen
eigenen Traum verfolgst.*
               (Christopher La Brec)

10. Gehe deinen Weg

Das Leben ist die Summe deiner Entscheidungen.
(Albert Camus)

Lerne, dass dein Leben genau das ist, was du selbst daraus machst

Zur Zeit der britischen Besatzung lebte im südlichen Indien ein junger Mann. Obwohl er aus ärmlichen Verhältnissen kam, hatte er wie viele seiner Freunde einen Traum. Eines Tages, so wünschte er sehnsüchtig, wollte er Sekretär werden. Da er aber aufgrund fehlender Schulbildung weder lesen noch schreiben konnte, musste es bei einem Traum bleiben. Um seinen Lebensunterhalt zu verdienen, versuchte er sich mit dem Fischfang, bei dem er, wie sich später herausstellen sollte, eine durchaus glückliche Hand hatte. Bald schon konnte er von den Erträgen leben, später zuerst einige und dann viele Mitarbeiter ernähren. Die Jahre gingen ins Land, und aus dem kleinen Fischereibetrieb wurde ein Millionenkonzern. Eines Tages nun beschloss unser Mann, der mittlerweile nicht mehr jung war, das Unternehmen an einen ausländischen Investor zu verkaufen. Als er ansetzte, um den Vertrag zu unterzeichnen, hielt er plötzlich inne. »Noch vor kurzem«, erzählte er dem neuen Eigentümer voller Stolz, »hätte ich noch keinen Vertrag unterschreiben können.« Da sei er nämlich noch Analphabet gewesen. Der Gesichtsausdruck seines Gegenübers verriet Mitleid und Unverständnis zugleich. »Mein Gott!«,

10. Gehe deinen Weg

sagte der Investor dann kopfschüttelnd, »stellen Sie sich nur einmal vor, was aus Ihnen alles hätte werden können, wenn Sie früher Schreiben gelernt hätten!« – »Dann«, antwortete der Inder, »wäre ich Sekretär geworden.«
Eine erstaunliche Geschichte, die uns zweierlei lehren kann. Zum Ersten:

Eine Rückschau auf eine Entscheidung ist sinnlos.

Wie ich schon im »Shaolin-Prinzip« geschrieben habe:

Jede Entscheidung hat Folge- und Gegen-Entscheidungen zur Konsequenz.

Niemand ist alleine auf dieser Welt. Entscheiden Sie anders, dann tun das auch Ihre Mitmenschen. So hätte Sie der in der Rückschau beste Weg direkt zur Hölle führen können, wären Sie ihn nur tatsächlich gegangen. Nur weil etwas in der Rückschau gut aussieht, bedeutet das nämlich noch lange nicht, dass es auch wirklich gut gewesen wäre.

Zum Zweiten demonstriert die Erzählung eindrucksvoll, welch ungeheuren Einfluss wir Menschen einräumen, wenn wir ihnen Zugriff auf unser Wertesystem geben. »Meine Güte«, so höre ich den Käufer in der Geschichte förmlich denken, »wie konnte der Arme denn im Geschäftsleben bestehen als Analphabet! Was die anderen wohl von ihm denken! Eigentlich konnte ja nichts aus ihm werden!«
Stellen Sie sich einmal vor, der Inder wäre dem Geschäftspartner bereits zu einem sehr viel früheren Zeitpunkt be-

gegnet. Wie anders wäre wohl sein Leben verlaufen? Wäre das zu seinem Vorteil gewesen?

Nehmen Sie bitte Ihr Heft zur Hand und notieren Sie die letzten drei Situationen, in denen Ihr Leben eine Wende genommen hat, weil Sie anderen Menschen Zugriff auf Ihr Wertesystem gewährt haben. Womit ist es diesen Menschen letzten Endes gelungen, Sie zu beeinflussen?

Beim Tiger ist so etwas schlicht nicht möglich. An einen Tiger kommt keiner heran. Der geht seinen Weg. Warum aber tun Sie das nicht auch? Warum fällt es Ihnen oft so schwer, Ihren Weg zu gehen, wenn dies Vorstellungen und Warnungen anderer Menschen zuwiderläuft?

Warum fällt es Ihnen schwer, sich durchzusetzen?

Von einem unbekannten Verfasser stammt die Aussage: »Es ist besser, als stur kritisiert zu werden und seine Vorstellungen verwirklicht zu haben, als von anderen für Rücksicht und Einsicht gelobt zu werden, aber auf halbem Wege einen bequemen Kompromiss eingegangen zu sein.« Hier schließt sich für mich der Kreis: Tatsächlich ist es die schon im Kapitel über Verlustangst erwähnte Abhängigkeit, die uns anders handeln lässt, als wir es eigentlich möchten. Es geht mir hier nicht nur um den vermeintlich drohenden Verlust von Zuwendung, sollte sich am Ende herausstellen, dass der andere doch recht hatte. Darum, dass man vielleicht erklären muss, warum man den tollen Ratschlag nicht beherzigt hat.

Oft ist es tatsächlich die reine Gier, die überlegtes Handeln unmöglich macht.

10. Gehe deinen Weg

Ich meine mit Gier weniger die Aussicht auf eine zwanzigprozentige Rendite. Manchmal reicht es bereits, dass uns etwas Ersehntes angeboten wird, und wir fallen um.

Stellen Sie sich zum Beispiel vor, Sie möchten unbedingt Ihren Arbeitsplatz wechseln. Da Sie in einer Branche tätig sind, in der es Ihrer Meinung nach schwierig ist, eine neue Stelle zu finden, sind Sie verzweifelt. Doch tatsächlich geschieht eines Tages das Wunder: Sie erhalten die Einladung zu einem Vorstellungsgespräch. Was Ihnen der neue Arbeitgeber anbietet, ist zwar weit von Ihren Vorstellungen entfernt. Aber es beginnt umgehend in Ihrem Kopf zu arbeiten. »Ich sollte dieses Angebot trotzdem annehmen. Wenn ich es nämlich jetzt ausschlage, dann bekomme ich sicher nie wieder eines. Und so schlecht ist es doch eigentlich gar nicht.« Schon finden Sie sich auf der nächsten Stelle wieder, mit der Sie unzufrieden sind.

Und es gibt viele, die unseren Schwachpunkt ausnutzen. Denken Sie nur an einen bekannten Trick, dem Sie wahrscheinlich schon begegnet sind, falls Sie ab und an Hotelzimmer über das Internet buchen. Verweilen Sie in einem Preisvergleichsportal zu lange bei einem einzelnen Angebot, signalisieren Sie damit Ihr Interesse. Daher erscheint nach einiger Zeit automatisiert ein nicht zu übersehender Hinweis, dass das vorletzte verfügbare Zimmer vor wenigen Sekunden gebucht worden sei. Da Sie sich mit dem betreffenden Haus bereits innerlich angefreundet haben, fehlen Ihnen auf einmal Alternativen. Meist kann Sie der Anbieter auf diesem Weg zu einer schnellen Buchung drängen. Vergessen Sie nicht, dass ein Hotel immer mehrere »letzte Zimmer« hat und es möglicherweise sogar günstigere Hotels gibt.

Verlieren Sie daher niemals die Ruhe.

Vertrauen Sie darauf, dass auf jedes Angebot ein weiteres, oft sogar besseres folgt.

Und lassen Sie sich von niemandem zu einer Entscheidung drängen, die Sie hinterher möglicherweise bereuen.

Interessanterweise scheint diese Abhängigkeit von der Meinung anderer Menschen weder angeboren noch wirklich anerzogen zu sein. Sie hat mehr mit unserer Bequemlichkeit zu tun. Ist es nicht viel einfacher, die Verantwortung für das eigene Handeln an jemand anders zu delegieren?
Eine unbequeme Behauptung, ich weiß. Sie lässt sich aber recht leicht anhand eines einfachen Gedankenexperiments nachvollziehen.
Stellen Sie sich vor, Sie befinden sich gerade in einer echten Notsituation. Unglücklicherweise ist gerade niemand in der Nähe, der Ihnen helfen oder Ihnen mit Rat zur Seite stehen könnte. Wären Sie nun tatsächlich von anderen Menschen abhängig, müssten Sie sich mit Ihrem Schicksal abfinden, selbst wenn das Ihren sicheren Tod bedeutete. Was sonst bliebe Ihnen übrig? Tatsächlich würden Sie natürlich umgehend damit beginnen, sich selbst zu helfen. Nach anfänglicher Panik würden Sie akzeptieren, auf sich allein gestellt zu sein, und – zwar vielleicht nicht vollkommen angstfrei, aber eben doch – einfach das Richtige tun.

Es gibt keine wirkliche Abhängigkeit.

10. Gehe deinen Weg

Warum aber funktioniert dieses eigenständige Handeln oft nur unter der Voraussetzung, dass kein Berater zur Verfügung steht? Warum nur verhalten Sie sich in ein und derselben Situation anders, wenn jemand da ist, den Sie um Rat fragen können? Schreiben Sie es bitte auf.
Wenn sich dieses Abhängigkeitsgefühl das nächste Mal einstellt, versetzen Sie sich in oben beschriebene Lage und stellen sich vor, Sie wären alleine.

Handeln Sie, wie es Ihnen in den Sinn kommt.

Sie bekommen das hin, versprochen. Solange Sie sich aber nicht bewusst machen, dass Sie über die Kraft eines Tigers verfügen, so lange ist diese Kraft für Sie nutzlos.

Entdecken Sie diese Kraft für sich.

Auf diesen Schritt zu verzichten ist, als erfände jemand eines Tages ein Material, das tausendmal wertvoller ist als Gold. Wenn nun dieser Entdecker keine Möglichkeit hat, anderen seinen Fund mitzuteilen, welchen Wert wird dieses neue Material wohl haben? Schreiben Sie es bitte auf.

Sieht man einmal von einer ökonomischen Bewertung ab,
so hat alles in Ihrem Leben genau den Wert, den Sie ihm geben.

Eigenartigerweise ist dieser Wert aber für viele Menschen keine Konstante. Vielmehr handelt es sich um etwas Wandelbares, etwas, das sich sogar in der Rückschau noch verändern kann, wie wir oben gesehen haben.

10. Gehe deinen Weg

So kennen Sie mit Sicherheit die Magie des Augenblicks. Sie sind frisch verliebt, der neue Partner ist das Beste, was Ihnen jemals passieren konnte. Versetzen Sie sich bitte kurz in diese Situation. Dann stellen Sie sich vor, Sie würden später erfahren, dass Ihr Gegenüber Ihnen seine Zuneigung nur vorgespielt hat. Angeblich wollte er damit an Ihr Geld kommen. Wenn Sie nun mit diesem Wissen an die wunderbaren Zeiten zurückdenken, kommen dann auch die alten Glücksgefühle wieder auf? Oder haben Sie sich diese durch das, was später passiert ist, zerstören lassen?

Die österreichische Schriftstellerin Marie Ebner-Eschenbach hat einmal gesagt: »Und ich habe mich so gefreut!, sagst du vorwurfsvoll, wenn dir eine Hoffnung zerstört wurde. Du hast dich gefreut – ist das nichts?« So ist es mit vielem. Daher habe ich mir angewöhnt, die Erinnerung an gute Momente gleichsam zu versiegeln und sie nie wieder anzurühren.

Was gut war, das soll auch gut bleiben.

Lassen Sie mich an einem Beispiel zeigen, was ich meine. Angenommen, ich habe ein Gespräch mit einem Menschen, das so unglaublich gut ist, dass es meine Sicht auf mein ganzes Leben verändert. Kurz danach erfahre ich aber, dass mein verehrter Gesprächspartner sich all seine Thesen nur angelesen hat und keine einzige davon selbst lebt, seine Ansichten also genau genommen wertlos, da nicht die eigenen sind.

Würde dieses Wissen tatsächlich etwas am Wert unseres Gespräches verändern?

Möglicherweise kostet das nachträgliche Zerstören magischer Momente nicht unbedingt aktiv Ihre Kraft. Aber es nimmt Ihnen sehr vieles, das Ihnen Stärke und Energie geben könnte.

Alle Kraft kommt allein von innen.

Diese Erkenntnis ist, wie Sie mittlerweile wissen, eine der Kernthesen meiner Bücher. Das hat wiederum die Konsequenz, dass alle Kraft auch in unserem Innern entweder am Entstehen gehindert oder, schlimmer noch, vernichtet wird.
Das mag jetzt unbequem klingen, aber ohne die Anwendung körperlicher Gewalt kann, wie schon gesagt, niemand Sie davon abhalten, etwas zu tun, was Sie tun wollen.

Letztendlich ist jede Blockade Ihr eigenes Werk.

In diesem Zusammenhang habe ich mich oft gefragt, worin sich erfolgreiche von erfolglosen Menschen unterscheiden. An den Voraussetzungen, wie Sie jetzt vielleicht denken mögen, liegt es nicht. Denken Sie an den Inder im Beispiel. Wenn es nur an den Voraussetzungen läge, hätte kein Armer jemals die Chance, sich emporzuarbeiten.

Erst wenn jemand sagt: »Es geht nicht«,
macht er seinen Möglichkeiten ein Ende.

Wie häufig aber denken wir: Da gibt es Bessere als mich. Das hat jetzt nichts mit selbsterfüllenden Prophezeiungen zu tun, sondern allein damit, dass Sie jede Veränderungsmöglichkeit begraben, sobald Sie aufhören, es überhaupt nur zu versuchen. Und dann wird nun mal nichts mehr daraus.

Aus nichts wird nichts.

Auch hier ist der Tiger im Vorteil. Erinnern Sie sich noch an die Macht der Sprache? So erzählt man sich, dass eines Tages ein Schüler nach Jahren der Abwesenheit zurückkam, um seinen alten Meister zu sehen. Er sagte mit leiser Stimme: »Meister, das Leben liegt wie eine Last auf meinen Schultern. Es drückt mich zu Boden, und ich habe das Gefühl, unter dem Gewicht zusammenzubrechen.« – »Mein Sohn«, sagte der alte Mann lächelnd, »das Leben ist leicht wie eine Feder.« – »Bei aller Demut, Meister, hier müsst Ihr irren. Ich spüre mein Leben wie eine Last von tausend Pfund auf mir. Sagt, was kann ich tun?« – »Wir selbst sind es, die uns Last auf unsere Schultern laden«, antwortete der Meister. »Aber ...«, wollte der Junge einwenden. Da hob der alte Mann die Hand und sprach: »Dieses ›Aber‹, mein Sohn, es wiegt allein schon tausend Pfund.«

Müsste ich festlegen, welches Wort unserer Sprache von allen verfügbaren das mächtigste und zugleich gefährlichste ist, meine Wahl fiele mit Sicherheit auf: aber. Lassen Sie mich kurz demonstrieren, welche zerstörerische Kraft von diesen vier Buchstaben ausgeht.

Nehmen Sie bitte Ihr Heft zur Hand, und schreiben Sie den folgenden Satz exakt ab: »Ich glaube schon, dass du das kannst.« Unter jedes einzelne Wort machen Sie jetzt einen Punkt, wobei die Position des Punktes Ihre Stimmung beim Lesen des Wortes repräsentiert. Geht es Ihnen gut, so setzen

10. Gehe deinen Weg

Sie die Markierung knapp unter den Satz, sinkt die Stimmung, so rücken Sie auch die Markierung entsprechend nach unten. Anschließend verbinden Sie die Punkte zu einer Linie. Fertig? Ich nehme einmal an, Sie haben eine mehr oder weniger waagrechte Linie gezeichnet. Ergänzen Sie jetzt bitte den Satz um ein »aber es«. Also noch einmal von vorn: »Ich glaube schon, dass du das kannst, aber es ...« Ergänzen Sie auch die Punkte Ihrer Stimmungslinie. Macht dieses »Aber« nur bei mir einen Unterschied, oder geht es auch mit Ihrer Stimmung bergab?

Ich habe es mir zur Gewohnheit gemacht,
von schwierigen Strecken immer nur den Teil des Weges
zu betrachten, den ich mit Sicherheit gehen muss.

Sehr häufig unterscheidet sich dieser Streckenabschnitt nämlich von dem Weg, den wir glauben, gehen zu müssen. Daher ist es mir oft passiert, dass ich mich wegen etwas aufgeregt habe, das mich am Ende überhaupt nicht betroffen hat.

Sie können sich das vorstellen, als gingen Sie durch eine Ebene auf einen sehr steilen Aufstieg zu. Die ganze Zeit über haben Sie die kraftraubende Frage im Kopf, wie Sie nur auf diesen furchtbar hohen Berg hinaufkommen sollen. Allein die Vorstellung der Anstrengung nimmt Ihnen alle Freude an dieser Wanderung. Doch plötzlich, kurz bevor der gefürchtete Aufstieg beginnt, tauchen vor Ihnen eine Abzweigung auf und ein Wegweiser, der Sie auffordert, nicht bergauf zu gehen, sondern dem flachen Weg nach links zu folgen.

In der Praxis des Lebens bedeutet das:

10. Gehe deinen Weg

Gerade bei vermeintlichen Problemen macht es wenig Sinn, zu weit in die Zukunft zu schauen.

Häufig haben sich die Probleme nämlich schon lange aufgelöst, bevor sie bei Ihnen ankommen.

Den Weg des Tigers zu gehen bedeutet, immer dort zu leben, wo Sie gerade sind. Es bedeutet, jeden Augenblick des Weges mit Freude, Dankbarkeit und Ehrfurcht anzunehmen; nichts schöner zu denken, als es ist, aber auch nichts schlechter.

Denken Sie daran, nicht unnötig Kraft zu verschwenden für Wertungen und Urteile, die Ihnen am Ende ohnehin nichts bringen.
In Shaolin erzählt man sich dazu die folgende Geschichte: »Geh zum Fluss«, sagte eines Tages ein Zen-Meister zu seinem Schüler, »und hole mir eine Tasse Wasser.« Als der Schüler am Fluss die Tasse mit Wasser füllte, sah er flussaufwärts eine wunderschöne Frau in seinem Alter. Die Frau musterte ihn ebenfalls genau, und mit einem Mal verliebten sie sich unsterblich ineinander. Er zog zu ihr auf das Gut ihrer Familie in einem ruhigen Dorf, und sie bauten ein Haus. Über die Jahre wurden ihnen Kinder geboren. Sie waren glücklich miteinander und ernährten sich von der Landwirtschaft, die sie betrieben. Eines Tages kam eine Flut. Das Dorf wurde überschwemmt, und der Mann musste sich mit seiner Familie auf das Dach des Hauses retten. Da zog ein großer Sturm auf. Die Kinder wurden eines nach dem anderen vom reißenden Wasser fortgerissen und

ertranken. Auch seine Frau wurde fortgespült und kam in den Fluten um. Als der Sturm sich legte, saß er einsam und verzweifelt auf dem Dach seines Hauses. Er starrte in die Luft. Ein Alptraum – nach all den glücklichen und schönen Jahren! Da legte sich von hinten eine Hand auf seine Schulter. Es war die Hand seines Meisters, der ihn fragte: »Wo bleibst du so lange? Wolltest du nicht bloß eine Tasse Wasser holen?«

*Ihr Leben ist in jedem Augenblick genau das,
was Sie selbst daraus machen.*

Auch der Tiger lebt sein eigenes Leben, nicht mehr, aber auch nicht weniger. Denken Sie daran: Es ist allein Ihre innere Kraft, die Sie zu dem Menschen macht, der Sie gerade sind, und die Sie zu dem werden lässt, der Sie zu sein wünschen. Gehen Sie Ihren Weg, und leben Sie Ihren Traum. Achten Sie einfach darauf, dass der Traum Ihr eigener ist.

ÜBUNGEN

Nachstehende Fragen sollen Ihnen helfen, Ihren Weg zu finden und ihn konsequent zu gehen.

Wem geben Sie Zugriff auf Ihr Wertesystem? Warum?
....

Welche Worte außer »aber« halten Sie noch für gefährlich?
....

Wann hat sich das letzte Mal eine Sorge als völlig unbegründet herausgestellt?
....

Was bewirkt es, wenn jemand ein Vorhaben von Ihnen mit den Worten »Das geht nicht« kommentiert?
....

Wann haben Sie sich das letzte Mal zu einer Entscheidung drängen lassen, die Sie so nicht treffen wollten?
....

Wie ist das gelungen?
....

Warum kann man einen Tiger zu keiner Handlung zwingen?
....

Am Ende stellt sich die Frage:
Was hast du aus
deinem Leben gemacht?
Was du dann wünschst,
getan zu haben,
das tue jetzt.
(Erasmus von Rotterdam)

Epilog

Und plötzlich weißt du: Es ist Zeit, etwas Neues zu beginnen und dem Zauber des Anfangs zu vertrauen. (Meister Eckhardt)

Wir sind nun an dem Punkt angelangt, an dem der eigentliche Weg des Tigers beginnt. Ihr Weg des Tigers. Für mich wird es Zeit, Sie wieder gehen zu lassen. Vergessen Sie nicht, dass alles, was wir bis hierher gemeinsam getan haben, nichts als ein Anfang war. Sie haben einen Ausblick bekommen auf manches, das möglich ist. Viel mehr aber wartet noch darauf, von Ihnen entdeckt und genutzt zu werden. Auch wenn sich Ihr verändertes Selbst noch ungewohnt anfühlt, vertrauen Sie darauf, dass Ihnen der Mensch, der Sie sein möchten, bald genauso selbstverständlich sein wird wie der Mensch, der Sie jetzt gerade sind. Leeren Sie Ihren Geist, wo Ihnen Gewesenes im Weg steht. Fürchten Sie keinen Verlust. Ärgern Sie sich nicht über Dinge, die Sie ohnehin nicht verändern können. Begegnen Sie sich selbst mit der Achtsamkeit, aber auch der Demut eines Königs. Ertragen Sie Konfrontation, wo Sie dem Druck nicht weichen wollen, und bedenken Sie, dass Sie, wenn nötig, die Kraft haben, die Welt zu verändern. Vergessen Sie aber nie, dass den Tiger die Bereitschaft stärkt, zu handeln, wo immer es notwendig ist. Niemand wird jemals Ihre Hände nehmen, um damit etwas für Sie zu schaffen. Das müssen Sie schon selbst tun. Ich sage ein herzliches Danke für Ihre Zeit, für Ihre Offenheit und für Ihr Vertrauen. Sie sind ein wunderbarer Mensch, und es war

Epilog

sehr bereichernd, mit Ihnen unterwegs gewesen zu sein. Passen Sie auf sich auf, und gehen Sie Ihren Weg weiter, diesen Weg der Stärke, der Entschlossenheit und der inneren Kraft. Folgen Sie einfach dem Tiger, er wird Sie führen. Ich wünsche Ihnen alles Glück, alle Freude und alle Liebe dieser Welt.

Ihr Bernhard Moestl
Brasov, Rumänien, im Juli 2013

Wem ich danke sagen möchte

Habe ich ein Buchmanuskript abgeschlossen, lasse ich die Arbeit daran noch einmal Revue passieren. Jedes Mal stelle ich dann mit dankbarem Erstaunen fest, wie viele Menschen eigentlich zum Entstehen meiner Bücher beigetragen haben. Stellvertretend für alle möchte ich mich an dieser Stelle bei einigen von ihnen namentlich bedanken.

Gewidmet ist dieses Buch in Achtung und Dankbarkeit Heidi Mischinger, die mich gelehrt hat, dass Konfrontation furchtlose Standhaftigkeit und niemals Streit oder Zorn bedeutet. Beginnen darf ich die Reihe mit einem ganz persönlichen Dank an meine im November 2012 verstorbene Großmutter Erika Möstl, die mir nicht nur Lebensmensch, sondern auch Inbegriff innerer Stärke war. Schön, dass du da warst. Wunderbare Anregungen und Ideen kamen aus vielen Gesprächen mit Cornelia Zak, Ioana Mihăiescu, Ioana-Cătălina Bucur, Marianne Mohatschek, der ich mein Verständnis für die Wesen der Natur verdanke, Irene Nemeth, die meine Ideen und Ansichten immer wieder hinterfragt hat, meinem Seniorpartner Gerhard Conzelmann, der nicht nur meine Faszination für das Thema »Bewusstsein«, sondern auch meine Liebe zu Asien teilt, sowie meiner Cousine, der Buchhändlerin Elisabeth Glaeser. Ein besonderes Danke sagen möchte ich meiner Lektorin Caroline Draeger, die die Entstehung dieses Buches mit achtsamer Kritik begleitet, Unklarheiten und Denkfehler angemahnt und beseitigt sowie das Manuskript schließlich in die vorliegende Form gebracht hat, sowie an meine Mit-

Dank

arbeiterin Dagmar Cloos, die mir immer die bestmöglichen Arbeitsbedingungen geschaffen hat.

Danke sagen möchte ich auch meinem Verleger Hans-Peter Übleis, zum einen, weil ich es als Privileg empfinde, als Autor bei diesem Verlag zu sein, und andererseits für die vielen Chancen und die immer persönliche Betreuung; dem Programmleiter Sachbuch Stefan Ulrich Meyer für die anregenden Gespräche, dem Team des Knaur-Verlags für die tolle Hintergrundarbeit sowie allen Buchhändlern für die oft so schöne Präsentation meiner Bücher.

Nicht zuletzt möchte ich mich bei all jenen bedanken, ohne die ich wohl nicht wäre, wo ich heute bin. Da sind zu nennen: der Veranstaltungsmanager Herbert Fechter, der die Shaolin-Mönche und mit ihnen das Interesse an der asiatischen Philosophie nach Europa gebracht hat, Jian Wang, dem ich meinen ersten Aufenthalt im Shaolin-Kloster verdanke; Meister Shi De Cheng, der mich nicht nur die shaolinische Kampfkunst, sondern auch die dahinterstehende Philosophie gelehrt hat, meine frühere Lektorin Bettina Huber, die das Potenzial des Themas von Anfang erkannt und mit mir vier tolle Bücher gemacht hat, meine Eltern, Mag. Wolfgang und Christa Möstl, meine verstorbenen Großväter Norbert Möstl und Helmut May, denen ich viele wichtige Einsichten verdanke; der Gersthofer Pfarrer Norbert Rodt, der mir schon in sehr jungen Jahren die Möglichkeit gegeben hat, Gruppen zu leiten und vor Menschen zu sprechen; der Reiseleiter Alexander Kriegelstein, der mir seit über 20 Jahren Freund und Mentor ist, der Jurist und Magier Albert Klebel, der zur Stelle ist, wann immer ich ihn brauche, Rainald Edel, Rolf Friesz und Flugkapitän Markus Gollner, die mir immer spannende und herausfordernde Diskussionspartner sind, sowie Andrea Kdolsky und Eva Wegrostek, denen ich viele wertvolle Anregungen verdanke. Danke schön euch allen. Es ist schön, dass es euch gibt.

Berhard Moestl

LÄCHELN IST DIE BESTE ANTWORT

88 Wege asiatischer Gelassenheit

Wer entspannt und gelassen durchs Leben gehen will, muss nicht gleich alles verändern.
Oft genügt eine Kleinigkeit, manchmal bedarf es sogar nur eines Lächelns.

Bernhard Moestl

DAS SHAOLIN-PRINZIP

*Die Kraft in dir verändert alles.
Mit der Klarheit des Denkens richtige
Entscheidungen treffen und umsetzen*

Shaolin-Mönche müssen jederzeit in der Lage sein, blitzschnell zu handeln. Bei ihnen geht es immerhin um Leben und Tod. Doch es ist ihr Denken, das sie unbesiegbar macht – und ihre Entschlusskraft. Bestsellerautor Bernhard Moestl hat das Prinzip der Mönche analysiert und zeigt uns, wie wir es auf unseren Alltag übertragen. Denn die Kraft, Entscheidungen zu treffen, liegt in uns – und verändert alles.

Bernhard Moestl

DIE KUNST, EINEN DRACHEN ZU REITEN

Erfolg ist das Ergebnis deines Denkens

Bernhard Moestl zeigt, wie wir mit Hilfe von 12 Strategien für ein neues Denken unseren inneren Drachen beherrschen können. Er gibt praktische Tipps, wie es uns gelingt, den Drachen zu reiten. Denn erst dann werden wir wirklich unangreifbar – weil der Drache nun seine Kraft für uns einsetzt und wir unser Leben selbst bestimmen.